TRAITÉ

PRATIQUE ET COMPLET

DE LA LEVÉE

DES

PLANS DE MINES

Description des divers instruments employés au levé des plans souterrains, et manière d'opérer avec chacun d'eux.

Rapporter le plan avec la boussole et le rapporteur.

Méthode des trois plans coordonnés.

Projections verticales des travaux.

Courbes verticales.

Courbes de niveau.

Résolutions graphiques et numériques des principaux problèmes qui se présentent dans une exploitation.

—

Par **G. MALE,** *ingénieur.*

SAINT-ÉTIENNE

CHEVALIER, LIBRAIRE-ÉDITEUR

Rue Gérentet, 4

—

1869

TRAITÉ

PRATIQUE ET COMPLET

DE LA LEVÉE

DES

PLANS DE MINES

Description des divers instruments employés au levé des plans souterrains, et manière d'opérer avec chacun d'eux.

Rapporter le plan avec la boussole et le rapporteur.

Méthode des trois plans coordonnés.

Projections verticales des travaux.

Courbes verticales.

Courbes de niveau.

Résolutions graphiques et numériques des principaux problèmes qui se présentent dans une exploitation.

Par **G. MALE**, *ingénieur.*

2 Novembre 1867.

SAINT-ÉTIENNE

CHEVALIER, LIBRAIRE-ÉDITEUR

Rue Gérentet, 4

1868

Les plans de mines sont d'une utilité indispensable pour les exploitations souterraines. En effet, sans leur secours il serait impossible de reconnaître si les travaux ne s'étendent pas au-delà des limites de la concession, ce qui serait préjudiciable aux voisins et deviendrait matière à procès. Il pourrait même en résulter de graves accidents, par exemple dans le cas où l'on rencontrerait d'anciens travaux incendiés ou remplis d'eau qu'il faut à tout prix isoler des nouveaux champs d'exploitation.

On doit savoir à quel point de la surface correspondent les travaux intérieurs afin d'éviter les dégâts qu'ils pourraient occasionner aux propriétés et aux édifices. Il faut que l'on puisse faire différents percements tels que : joindre un puits au moyen d'une galerie partant de l'intérieur des travaux, foncer un puits qui aboutisse à un point donné dans la mine, attaquer une galerie par plusieurs points à la fois, foncer un puits en sous-stock....., etc. Les plans de mines donnent la solution de ces différentes questions. Ils fournissent, en outre, le moyen de reconnaître exactement la forme d'une couche, son allure, les accidents qui s'y rencontrent. Ils permettent de diriger avec précision les recherches faites dans une couche interrompue par des rejets, ou des dérangements quelconques. Enfin, la distribution de l'air dans les chantiers, l'écoulement des eaux, le mode d'abattage le plus convenable à une couche, le roulage....., etc. Toutes ces questions, d'une importance capitale, ne peuvent être résolues qu'avec les plans de mines. Car elles ne peuvent être appréciées par la simple inspection des travaux.

On ne saurait donc apporter une trop grande attention à la bonne tenue de ces plans, puisque de là dépendent la réussite et l'avenir d'une exploitation.

Dans cet ouvrage, nous commencerons par décrire les divers instruments employés pour lever les plans de mines, nous donnerons les moyens d'opérer avec chacun d'eux ; nous passerons en revue les différentes méthodes usitées pour rapporter ou construire les plans ; la manière de faire les coupes verticales dans une direction quelconque du plan, ainsi que les projections verticales des travaux, le tracé sur le plan des courbes de niveau : enfin, nous terminerons par la résolution graphique et numérique d'une série de problèmes que l'on est appelé à chaque instant à résoudre dans une exploitation.

Description des instruments employés pour lever les plans de mines.

L'instrument dont on se sert le plus généralement est la boussole. Elle se compose d'une aiguille aimantée teintée en bleu d'acier sur la pointe nord, et munie en son milieu d'une chape d'agate qui vient reposer sur un pivot très-aigu placé au centre d'un cercle. Lorsqu'elle est placée horizontâlement, sa position est déterminée par un limbe de $0^m,10$ à $0^m,16$ de diamètre divisé en 360 degrés La division doit être faite avec le plus grand soin ; elle marque les degrés et demi-degrés.

L'aiguille aimantée a la propriété remarquable de prendre une direction constante appelée nord magnétique ; écartée de cette direction, elle y revient par une série d'oscillations.

On sait que le méridien astronomique d'un lieu est le plan qui passe par ce lieu et par les deux pôles terrestres. La méridienne est la trace de ce plan sur la surface du globe. Enfin, le méridien magnétique d'un lieu est le plan passant par ce lieu et par les deux pôles d'une aiguille aimantée mobile en équilibre sur un axe vertical.

Le méridien magnétique ne coïncide pas avec le méridien astronomique (FIG. 1, PL. 3.) On nomme déclinaison de l'aiguille aimantée en un lieu l'angle que fait en ce lieu le méridien magnétique avec le méridien astronomique, ou ce qui revient au même, l'angle que fait l'aiguille aimantée avec la méridienne.

La déclinaison est dite orientale ou occidentale, selon que le pôle austral de l'aiguille est à l'Est ou à l'Ouest du méridien astronomique.

Depuis l'année 1700, la déclinaison est occidentale; elle était, à cette époque, de 8° 10′ à l'Ouest. Le maximum de déviation occidentale a eu lieu en 1814, elle était de 22° 34′; depuis, l'aiguille revient vers l'Orient.

En 1863, la déclinaison était de 19° 6′ 12″; en 1864, elle était de 18° 57′ 44″ N.-O. ; en 1867, elle est de 17° environ.

La déclinaison de l'aiguille aimantée est très-variable d'un lieu à un autre, elle éprouve même des variations diurnes assez notables. Ainsi, dans une localité donnée, on a constaté d'un jour à l'autre des variations de 30′, et, dans des espaces de quinze à vingt jours, la variation a quelquefois dépassé un degré.

Nous démontrerons plus loin la nécessité de corriger les variations de l'aiguille aimantée et la méthode employée pour obtenir ces corrections.

Conjointement avec la boussole qui donne la direction des lignes, on emploie encore pour lever les plans souterrains un demi-cercle gradué destiné à prendre l'inclinaison, un cordeau en chanvre pour suspendre les deux appareils ci-dessus; enfin, une chaîne en laiton, ou de préférence un ruban d'acier de 10 mètres de long, afin de mesurer les longueurs. Ces divers instruments sont renfermés dans une boîte dite *Poche-de-Mineur* que le géomètre porte avec lui pendant le parcours souterrain.

Afin de pouvoir être commodément suspendue au cordeau, la boussole ordinaire est un peu modifiée. Elle porte à cet effet un demi-cercle en laiton dont les branches sont munies aux extrémités de crochets recourbés en sens contraire.

Autour de ces branches peut librement tourner un cercle portant la boussole. Enfin, cette dernière est mobile autour d'un axe perpendiculaire à celui du cercle. De cette façon, l'instrument peut prendre de lui-même une position horizontale, sans que la ligne de foie Nord-Sud du limbe cesse d'être parallèle au cordeau.

Le demi-cercle dit niveau à perpendicule est muni de deux branches, dont les extrémités sont recourbées en sens inverse, ce qui permet de le suspendre facilement au cordeau. Il porte une double graduation de 0° à 90° Le 0° doit se trouver à l'extrémité du rayon perpendiculaire au diamètre, et le fil à plomb attaché au centre indique l'inclinaison du cordeau.

Quelques mines emploient, pour lever les plans intérieurs, la boussole servant à faire les plans de surface. On la fixe ordinairement dans une boîte carrée portant deux niveaux à bulle d'air qui permettent de l'établir horizontalement. Une lunette adhère latéralement à un demi-cercle qui donne, à l'aide d'un fil à plomb, l'inclinaison de la lunette.

Il faut encore, avec la boussolle, deux trépieds, une lampe servant de mire et une chaîne de 10 mètres.

Théodolite.

Le théodolite est un instrument d'une très-grande précision, mais trop compliqué pour servir journellement au levé des plans souterrains. L'usage de cet instrument doit se borner dans les mines à lever les galeries principales d'une grande importance et à vérifier les opérations d'un percement.

Il est d'une grande exactitude pour la construction des plans de surface et surtout pour les triangulations.

Il se compose de deux limbes divisés, dout l'un est horizontal et l'autre vertical. Ce dernier est placé latéralement au premier et suspendu à l'extrémité d'une règle mobile autour du centre du limbe horizontal, de sorte que le limbe vertical peut tourner dans tous les sens autour du limbe horizontal. Une lunette se meut sur le limbe vertical et peut prendre toutes les inclinaisons possibles.

L'instrument est fixé sur un trépied au moyen d'une vis. Il porte un niveau à bulle d'air, permettant de le rendre horizontal. Les angles azimutaux et d'inclinaison peuvent se lire à une minute près.

Pour lever un plan de mine avec le théodolite, il faut : trois trépieds entièrement pareils, deux lampes munies latéralement d'un petit voyant servant de mire, éclairé par la flamme de la mèche; enfin, une chaîne de 10 mètres pour mesurer les longueurs.

Lever un plan de mine avec la boussole dite Poche-de-Mineur.

Nous allons indiquer la marche à suivre pour lever le plan de la mine (Pl. II.)

On commence par choisir un point de départ pouvant se raccorder facilement avec le plan de surface. Ce point ne peut être pour la mine qui nous occupe que l'axe du puits n° 1 ou du puits n° 2.

Lorsqu'il y a des galeries montantes qui communiquent à la surface, on peut partir de leur orifice et de là descendre dans les travaux souterrains. Pour le cas présent, nous prendrons l'axe du puits n° 2.

Ce point étant choisi, la première opération à faire consiste à placer un plafond dans le puits au niveau du sol de la galerie d'accrochage, afin de le fixer bien exactement au centre du puits. Cela fait, il faut mesurer la distance verticale entre ce point de départ fixé sur le plafond et l'orifice du puits.

Pour cela, on emploie un fil de laiton enroulé sur une petite bobine de $0^m,50$ de diamètre, et pouvant tourner librement sur un axe muni d'une petite manivelle. Cette bobine se place à 10 ou 15 mètres du puits, le fil de laiton descend en passant dans la gorge d'une petite poulie de transmission fixée à l'orifice du puits.

Pour faciliter la descente du fil et empêcher qu'il se mette en tire-bouchon; on accroche à son extrémité un petit poids. Lorsqu'il arrive sur le plafond, on le tient bien exactement sur la tête du clou, et on marque au jour sur le fil de laiton fortement tendu le niveau de l'orifice du puits. Cela fait, il ne reste plus qu'à mesurer, avec un ruban d'acier de 10 mètres, la longueur du fil descendu dans le puits et à la noter sur un carnet.

Le point de départ déterminé, on y attache le cordeau qui doit être parfaitement tendu dans toutes les galeries dont on veut faire le plan. Pour obtenir cette tension, il faut se procurer deux points fixes. Si la galerie est boisée, on plante le plus haut possible un clou dans l'un des deux montants verticaux. Dans le cas contraire, le clou se fixe dans les parois de la roche.

Si la roche est d'une dureté moyenne, on n'éprouvera aucune difficulté; dans le cas d'une roche dure, on fait un trou avec un fleuret, dans lequel on enfonce une cheville de bois; le clou peut alors aisément pénétrer.

Les clous se placent d'une paroi à l'autre de la galerie, en y attachant au fur et à mesure le cordeau que l'on a soin de tenir fortement tendu. Il ne doit avoir aucun point de contact avec les parois de la galerie.

La longueur du cordeau est ordinairement de 100 mètres; on le place sur une petite bobine permettant de l'enrouler et de le dérouler facilement.

Maintenant, supposons le cordeau tendu dans toute sa longueur. On commence par placer le demi-cercle au milieu de la première station et on note l'angle observé, en indiquant si l'inclinaison est montante ou descendante. La simple inspection du zéro suffit pour établir cette distinction. L'inclinaison sera montante toutes les fois que le zéro sera placé en avant du fil à plomb par rapport au sens dans lequel on marche; elle sera descendante lorsqu'il se trouvera en arrière. L'angle est estimé avec une approximation de 1/4 de degré.

Si l'on veut obtenir un nivellement d'une grande exactitude, il ne faut pas que les stations soient trop longues; il est convenable de ne pas dépasser 20 à 25 mètres. Dans le cas d'une grande station, il sera plus juste de mesurer l'angle d'inclinaison aux deux extrémités du cordeau et d'en prendre la moyenne.

Il faut avoir soin de suspendre le demi-cercle toujours le premier, car la boussole, étant plus lourde, détendrait le cordeau et rendrait l'angle d'inclinaison défectueux.

Les inclinaisons étant prises, on place le demi-cercle dans la boîte, puis on en tire la boussole qui donne la direction de toutes les stations avec le nord magnétique.

Pour cela, on l'accroche au cordeau à chaque station, en ayant soin de placer toujours le nord du limbe en avant par rapport au sens dans lequel on s'avance. La boussole doit être placée le plus haut possible à l'aplomb du milieu du chemin de fer. Dans le cas où la hauteur minimum serait inférieure à $1^m,60$, il ne faudrait pas hésiter à enlever les rails et à les transporter de 8 à 10 mètres en arrière.

La déviation de l'aiguille aimantée due aux rails est très-notable. Si, par exemple, la boussole est placée à moins de $1^m,60$ de hauteur à l'aplomb d'un joint séparant deux rails contigus, et si on la rapproche graduellement, l'aiguille aimantée prend peu à peu la direction des deux rails. Enfin, en arrivant près du joint, elle se trouve précisément dans leur direction par suite de l'influence simultanée qu'ils exercent sur ses deux pôles. C'est près des joints que l'action des rails est la plus forte.

Avant de lire l'angle de direction donné par l'aiguille bleue, on doit s'assurer qu'il n'y a pas autour du point de suspension quelques outils de mineurs cachés dans le boisage, ou même enterrés dans les côtés de la galerie. On sait que l'attraction de l'aimant se fait sentir à travers les corps les plus denses.

La lecture de l'angle n'est pas toujours bien facile à cause de la grande mobilité de l'aiguille et du peu de clarté que donne la lampe. Il n'y a, du reste, qu'une position où l'on puisse lire bien distinctement, c'est lorsqu'on tient la lampe du côté opposé à celui où l'on se trouve et à la même hauteur que l'œil par rapport au plan du limbe. Les rayons lumineux tombant sur ce limbe se réfléchissent alors pour passer par l'œil de l'observateur. Ce dernier doit être placé dans la direction de l'aiguille et du côté de la pointe blanche, afin de bien observer l'angle donné par la pointe bleue de l'aiguille. La même facilité n'existe pas lorsque la direction du cordeau s'éloigne peu de la direction du nord magnétique; dans ce cas, le cordeau empêche de mettre la lampe et l'œil de l'observateur dans la position indiquée ci-dessus.

L'angle ne peut être lu qu'avec une approximation de 1/4 de degré, attendu que le limbe ne saurait être divisé au-delà et que l'instrument ne peut recevoir de vernier.

La direction de toutes les stations formées par le cordeau étant prise, on remet la boussole dans la boîte.

On prend avec une chaîne de 10 mètres la longueur exacte du cordeau entre chaque point d'attache, puis on mesure la largeur de la galerie aux deux extrémités du cordeau de chaque station, en ayant soin de distinguer si elle est prise à droite ou à gauche du clou par rapport au sens dans lequel on se dirige. On mesure également la hauteur au-dessus du clou jusqu'au toit de la galerie, et la hauteur de ce même clou jusqu'au sol ou au niveau des rails de la galerie.

Maintenant que nous connaissons la manière d'opérer, nous allons indiquer la marche à suivre pour lever le plan de la mine. (Pl. II.)

Après avoir fixé le point de départ n° 1 au centre du puits n° 2 au niveau de la galerie d'accrochage et mesuré la distance verticale qui le sépare de l'orifice du puits, on y attache le cordeau. On place un autre clou n° 2 au parement gauche de la galerie, puis on fixe le cordeau à ces deux points, en ayant soin de le tendre fortement. On met un troisième point à droite, le quatrième est encore à droite et le cinquième est à gauche. Le cordeau est attaché au fur et à mesure à ces clous.

Le cordeau étant tendu jusqu'à l'extrémité de la galerie en traçage, il ne reste plus qu'à prendre à chaque station l'inclinaison du cordeau, sa direction, la hauteur du toit et du sol de la galerie, au-dessus et au-dessous de chaque clou, enfin les largeurs de la galerie à droite et à gauche de chaque point. Les résultats des observations sont inscrits sur un carnet en regard des points auxquels ils se rapportent.

L'une des pages du carnet est en blanc, elle est destinée à recevoir le croquis des travaux relevés ; l'autre contient un tableau de onze colonnes dans lesquelles on inscrit tous les résultats des observations.

La première colonne porte la date du levé ; la deuxième, le numéro des clous ; la troisième, l'inclinaison montante ; la quatrième, l'inclinaison descendante ; la cinquième, les longueurs des stations ; la sixième, la hauteur des clous au-dessus du sol de la galerie ; la septième, la hauteur du toit de la galerie au-dessus des clous ; la huitième, les largeurs des galeries à droite de chaque clou ; la neuvième, les largeurs à gauche des galeries ; la dixième, les directions magnétiques des stations ; enfin, la onzième colonne est destinée aux observations, ainsi qu'à toutes les notes nécessaires pour la bonne intelligence du plan.

Quand le cordeau est tendu, le géomètre trace sur son carnet le croquis des travaux à lever. Il indique la position de chaque clou par un point, et le cordeau est représenté par un trait pointillé raccordant les stations entre elles.

Si dans le parcours des travaux on rencontre des failles, ou des accidents quelconques, il faut noter dans la colonne des observations leur position par rapport au clou le plus voisin, prendre avec soin leur direction et inclinaison. On indique par des flèches le sens de leur plongée.

Ces documents sont d'une très-grande importance pour bien connaître l'allure d'une couche, et par suite faciliter les recherches d'une couche interrompue par des accidents.

Après avoir dessiné sur le croquis les quatre premières stations et marqué dans la deuxième colonne le numéro d'ordre des clous, on accroche le demi-cercle au cordeau, à côté du point n° 1. On observe l'angle d'inclinaison, que l'on mesure en outre sur la même station vers le clou n° 2. On fait la somme des angles observés à chaque extrémité du cordeau de la même station, on en prend la moitié qui est de 4° montant. Ce résultat est inscrit dans la troisième colonne, entre les points 1 et 2.

Si les inclinaisons observées étaient en sens inverse l'une de l'autre, il faudrait, pour avoir l'inclinaison moyenne, retrancher le plus petit angle observé du plus grand, prendre la moitié de la différence et considérer cette inclinaison moyenne comme étant dans le sens du plus grand angle observé.

Tableau dans lequel on inscrit le levé dans la mine.

DATES	Nᵒˢ DES CLOUS	INCLINAISON		LONGUEURS DES STATIONS	HAUTEURS		LARGEURS		DIRECTIONS MAGNÉTIQUES	OBSERVATIONS
		M	D		B	H	D	G		
	1	4°		24.10	0.00	0.00	1.50	1.50	75°	Le clou n° 1 est au centre du puits n° 2 et au niveau du sol de la galerie d'accrochage située à la profondeur de 71ᵐ60 au-dessous de l'orifice du puits.
	2	1/2		23.00	2.00	0.20	2.60	0.20	68°	
	3		15°	26.00	1.60	0.40	0.20	2.20	71°	Au point 3 on a rencontré une faille qui rejette la couche en profondeur. Elle a une direction 103° et plonge à l'ouest avec une inclinaison de 45°.
	4	1/2		18.00	1.50	0.40	0.20	2.20	79° 1/2	
	5				1.80	0.20	2.50	0.00		
	1	4° 1/8		25.10	0.00	0.00	1.50	1.50	250°	
	6	1/4		24.50	1.50	0.50	0.00	2.30	255° 1/2	
	7		3/4	23.45	1.60	0.40	1.75	0.25	247°	
	8	1° 1/4		25.00	1.00	1.00	0.00	2.00	253° 1/2	
	9	1/2		24.00	1.75	0.30	0.00	2.00	257°	
	10		3/4	24.50	1.80	0.20	1.00	1.30	251° 3/4	
	11	1° 1/2		22.00	1.60	0.40	0.00	2.10	257°	
	12		1/2	24.00	1.80	0.20	1.10	1.10	251°	
	13				2.00	0.20	0.00	2.50		
	6		17°	24.00	1.50	0.50	0.00	2.10	183°	
	14	1/2		23.00	1.30	0.80			77°	
	15	1/4		24.50	1.50	0.50	2.50	0.00	68°	
	16	1° 1/4		19.00	2.00	0.20	0.00	2.50	77°	
	17				2.50	0.00	1.80	0.00		

On continue de la même manière pour toutes les stations, en inscrivant les moyennes entre les points respectifs auxquels elles se rapportent.

La deuxième station a pour moyenne 1/2 degré montant. La troisième 15° descendant et la quatrième 1/2 degré montant.

L'inclinaison des quatre stations étant prise, le demi-cercle est remis dans la boîte, et l'on en tire la boussole que l'on place sur la première station, en ayant soin de mettre toujours le nord du limbe en avant et de bien prendre toutes les précautions indiquées plus haut. La pointe bleue de l'aiguille donne un angle de 75° pour la direction magnétique de la première station. On l'inscrit dans la dixième colonne, entre les clous n° 1 et n° 2.

La direction de la première station étant prise, on place la boussole sur la deuxième, on observe l'angle qui est de 68°. On l'inscrit entre les points 2 et 3, et toujours dans la même colonne.

On continue de la même manière en plaçant successivement la boussole sur chaque station.

Les directions étant prises, on remet la boussole dans la boîte, puis on mesure chaque station, les longueurs trouvées sont inscrites dans la cinquième colonne, entre les points auxquels elles se rapportent. On trouve que la première station a une longueur de $24^m,10$, la deuxième $23^m,00$, la troisième de $26^m,00$ et la quatrième $18^m,00$. On prend ensuite les hauteurs du toit et du sol de la galerie au-dessus et au-dessous de chaque clou, ainsi que les largeurs à droite et à gauche, que l'on inscrit dans les colonnes respectives et entre les clous auxquels elles se rapportent.

Les quatre premières stations étant faites, on détache le cordeau, et le clou n° 1 sert de nouveau de point de départ pour lever les travaux situés de l'autre côté du puits. On continue de tendre le cordeau jusqu'à l'extrémité de la galerie. On note dans la deuxième colonne le numéro du point de départ, et l'on suit la même série des numéros pour les autres clous. Ce qui nous donne, du 1 au 6, 7, 8, 9, 10, 11, 12, 13. Le croquis des nouvelles stations terminé, il ne reste plus qu'à prendre les inclinaisons, les directions, les longeurs, etc., comme nous venons de le faire pour les quatre premières stations, en inscrivant les observations comme précédemment entre les clous auxquels elles se rapportent.

Toutes les fois que l'on rencontre des galeries qui se bifurquent, il faut avoir soin, en faisant le plan de l'une de ces galeries, de placer un clou en face de l'entrée de l'autre, afin d'avoir un point de départ permettant de faire le plan de cette galerie et des travaux qui peuvent s'y rattacher. C'est pour cette raison que les points 6, 7, 12, 28 ont été placés de façon à servir de point de départ pour lever les travaux situés en aval et en amont du pandage.

Ayant levé toutes les stations entre les points 1 et 13, on détache le cordeau afin de le fixer au clou n° 6 qui sert de point de départ pour lever les travaux inférieurs. On tend le cordeau jusqu'à l'extrémité de la galerie qui est arrêtée par une faille ; on note dans la onzième colonne des observations la direction, l'inclinaison de cette faille, la manière dont elle interrompt la couche, puis on lève les stations comme précédemment. Les résultats sont inscrits entre les points 6, 14, 15, 16, 17, 18. Nous partirons ensuite du point 14 au 19, 20, 21.

La partie inférieure étant levée, nous reprendrons au point 7 pour lever la partie supérieure, et nous tendrons le cordeau du clou 7 au 22, 23, 24, etc. On procédera de la même manière jusqu'à la fin.

On ne doit pas arracher les clous placés dans la mine pour le levé du plan, ils servent plus tard comme point de départ pour la continuation du plan des travaux.

Il ne reste plus maintenant qu'à rapporter le plan. Avant de faire connaître les méthodes employées, nous donnerons la manière de lever un plan de mine avec la boussole ordinaire et le théodolite.

Levé d'un plan de mine avec la boussole ordinaire.

Quand on sait lever un plan de mine avec la boussole dite *Poche-de-Mineur* ou boussole *suspendue*, on comprend de suite la manière d'opérer avec la boussole ordinaire. Avec celle-ci, on n'a pas besoin de tendre le cordeau ; deux trépieds, une chaîne et une lampe suffisent. Cette lampe s'adapte alternativement de l'un à l'autre des deux trépieds ; elle est semblable à celles qui servent dans le levé avec le théodolite.

Soit A, B, C, D, E, Fig. II, Pl. III, une galerie partant du jour et descendant dans les travaux. La manière d'opérer avec cet instrument est la suivante. On commence par placer l'un des trépieds en A, orifice de la galerie, et l'autre en B, milieu de la galerie. Ces deux points forment les extrémités de la première station ; on les place aussi loin l'un de l'autre que la galerie le permet. On peut faire des stations de 30 à 40 mètres, sans altérer les résultats, avantage qui n'existe pas lorsqu'on emploie la boussole suspendue à cause du peu de précision que l'on obtiendrait dans l'inclinaison d'une longue station.

Sur le trépied A, la boussole est fixée horizontalement en ayant soin de toujours mettre le nord du limbe en avant par rapport au sens dans lequel on se dirige. On vise avec la lunette le voyant situé an centre du chapeau de la lampe placée sur le trépied B, puis on lit l'angle donné par la pointe bleue de l'aiguille. Cet angle est inscrit dans un carnet semblable à celui donné dans le levé avec la boussole suspendue.

Nous avons vu, dans la description de la boussole ordinaire, que cet instrument portait sur un côté de la boîte, parallèlement à la ligne de foie nord-sud du limbe, une lunette adhérente à un demi-cercle muni d'un fil à plomb. Il suffit donc, pour avoir l'inclinaison du point A au point B, de lire l'angle marqué sur le demi-cercle par le fil à plomb. On mesure ensuite la distance du point A au point B, la hauteur du toit et du sol de la galerie par rapport à l'axe de la lunette; enfin, la largeur à droite et à gauche de chaque point. Ces résultats sont inscrits entre les points A et B, et dans les co-lonnes du tableau auxquels ils se rapportent.

La premièr station étant faite, on porte le trépied A en C, et le trépied B reçoit à son tour la boussole. La lampe est en-levée du trépied B et placée sur le trépied C. On vise alors le voyant de la lampe placée en C, on observe l'angle de direc-tion et d'inclinaison, on prend la distance du point C au point B; enfin, on mesure les hauteurs du toit et du sol de la galerie, et les largeurs à droite et à gauche du point C.

La deuxième station faite, on transporte le trépied B en D, la boussole est fixée en C et la lampe en D; on continue ainsi jusqu'à l'achèvement du plan.

Si la boussole ordinaire a l'avantage de permettre de longues stations et de ne pas tendre de cordeau, par contre on est obligé d'enlever les rails du chemin de fer, qui, vu le peu de hauteur des trépieds, influeraient sur l'aiguille aimantée.

Le cordeau peut, au contraire, être tendu assez haut pour détruire cette influence toutes les fois que la hauteur de la galerie le permet.

Levé d'un plan de mine avec le théodolite.

Soit A, B, C, D, E, etc., Fig. III, Pl. III, une galerie partant d'un puits. Après avoir mis un plafond au niveau du sol de la galerie, on fixe exactement au centre du puits et sur ce plafond l'un des trépieds. On mesure la distance verticale qui sépare le point A de l'orifice du puits par le même procédé que nous avons indiqué dans le levé du plan (Pl. II) avec la boussole suspendue. On met ensuite au milieu de la galerie le plus loin possible un trépied B, le troisième est placé en C, puis l'on place le théodolite sur le trépied B, sommet de l'angle à mesurer. Les deux côtés de cet angle sont déterminés par deux lampes placées sur les deux autres trépieds A et C.

Pour lire l'angle A B C, on commence d'abord par amener le 0° du vernier de l'alidade horizontale au 0° du limbe azimutal, et on fixe l'alidade dans cette position en serrant une vis de pression ; faisant ensuite tourner l'instrument, on amène l'axe de la lunette dans la direction de l'un des côtés et on vise le point A. L'inclinaison du point A au point B se lit sur le limbre vertical, on l'inscrit dans un tableau semblable à celui du levé avec la boussole, en distingant si cette inclinaison est montante ou descendante par rapport au sens dans lequel on opère.

Cela fait, on desserre la vis qui fixe au limbe azimutal la règle portant le limbe latéral, puis on fait tourner ce limbe autour du limbe azimutal, de manière à l'amener à viser le point C, second côté de l'angle A B C. Sur le limbe azimutal, on lit l'angle qu'il s'agissait de mesurer, et, sur le limbe vertical, l'inclinaison montante ou descendante du côté B C.

L'inscription de ces deux angles se fait sur le carnet et entre les points auxquels ils se rapportent. On mesure les longueurs des deux côtés de l'angle, la largeur à droite et à gauche de chaque point, ainsi que les hauteurs au-dessus et au-dessous du toit et du sol de la galerie par rapport à l'axe de la lunette.

L'angle obtenu est affecté d'une erreur d'excentricité provenant de ce que l'axe de la lunette ne passe pas par le sommet de l'angle B. Il en est écarté d'une distance constante égale au rayon du limbe azimutal augmenté de l'épaisseur du limbe vertical et du rayon de la lunette.

Soit H C F, Fig. IV, Pl. III, un angle à mesurer. En pointant en arrière sur H, par exemple, la lunette se place en A en dehors du sommet de l'angle C. Son rayon optique prend la direction A H au lieu de C H, ou de A H′ parallèle à C H, et l'angle mesuré est trop petit ou trop grand suivant les circonstances de la valeur H A H′ $=$ A H C. Il en est de même pour le coup d'avant donné sur F où se trouve une différence exprimée par F B F′ $=$ C F B, mais dont le signe est toujours contraire à celui de l'angle H A H′ ou A H C. Si l'on prend l'angle intérieur H C F, l'excentricité aura pour résultat d'augmenter sa valeur de C F B et de la diminuer de A H C. L'erreur mesurée par la différence de ces deux angles sera d'autant plus petite que les distances entre les stations seront plus grandes ; elle deviendra nulle quand la ligne d'avant sera égale à celle d'arrière.

On peut faire cette correction au moyen d'une double opération, consistant à mesurer les angles la première fois en tenant la lunette à droite, la seconde en la tenant à gauche. Ces deux angles étant affectés par suite de l'excentricité d'erreurs numériquement égales et de signes contraires, l'angle vrai sera égal à la demi-somme des angles observés.

Lorsqu'on ne veut pas tenir compte de l'excentricité de l'instrument, il faut faire les stations égales et aussi longues que possible.

L'angle A B C étant pris, on porte le trépied A avec sa lampe en D, on enlève le théodolite du trépied B, on le place en C. La lampe de ce dernier point vient occuper en B la place précédente du théodolite. On mesure alors l'angle extérieur B C D en opérant comme pour le premier angle, et on continue de la même manière dans toutes les galeries dont on veut faire le plan.

Ces angles doivent toujours être mesurés dans le même sens, et leur valeur peut varier entre 0° et 360°.

En employant le théodolite, les angles d'inclinaisons sont toujours mesurés deux fois. En effet, en prenant l'angle A B C, on vise le point C ; l'inclinaison est prise du côté B C ; pour mesurer l'angle B C D, il faut viser le point B, l'instrument étant en C. On trouve généralement une inclinaison variant en sens inverse de celle fournie par la première observation ; on prend la moyenne de la somme des deux angles.

Pour rapporter le plan, il est indispensable d'avoir la direction magnétique de l'un des côtés d'un angle. Habituellement, on prend celle du premier côté du premier angle, ou bien celle du dernier côté du dernier angle, après avoir eu soin d'enlever les rails, dont l'influence pourrait se faire sentir sur l'aiguille aimantée.

Nous allons maintenant exposer les différentes méthodes employées pour construire les plans au moyen des données prises dans la mine :

1° On rapporte le plan avec la boussole ayant servis à faire le levé ;

2° On emploie un rapporteur en corne bien gradué de $0^m,10$ à $0^m,15$ de diamètre ;

3° Au moyen de la méthode dite des trois plans coordonnés.

Rapporter un plan de mine avec la boussole.

Pour rapporter les plans, on se sert des données prises dans la mine ; mais avant de les appliquer a la construction, elles ont besoin d'être modifiées. En effet, un plan de mine n'étant pas autre chose que la projection horizontale des travaux réduite généralement à une échelle de $0^m,001$ par mètre, il est donc indispensable de calculer les projections horizontales ou véritables longueurs de chaque station. Sans cela, le plan ne donnerait pas la forme des travaux et n'y serait plus proportionnel.

Pour faire ces calculs, il est indispensable de connaître les principes de trigonométrie suivant :

La projection O B d'un rayon O A, sur un diamètre P Q, est appelée *Cossinus* de l'angle A O B, Fig. V, Pl. III.

La perpendiculaire A B abaissée de l'extrémité du rayon sur le diamètre est dite *Sinus* de l'angle A O B. On voit que le Cosinus O B, de l'angle A O B, est égal au Sinus A C, de l'angle A O C, complément du premier. De même, le Sinus A B du premier angle est égal au Cosinus O C du second. De là ce principe : le Cosinus et le Sinus sont égaux au Sinus et au Cosinus de leur complément.

On démontre encore en trigonométrie que, dans tout triangle rectangle, un côté de l'angle droit est égal à l'hypoténuse multipliée par le Synus de l'angle opposé à ce côté, ou le Cosinus de l'angle adjacent.

D'après cela, soit A B, Fig. VI, Pl. III, une station faite dans une galerie montante. Le cordeau A B représente l'hypoténuse d'un triangle rectangle dont A C et B C, distance horizontale et verticale des deux points A et B, sont les deux autres côtés. Appliquant le théorème précédemment énoncé, nous aurons : A C $=$ A B $\times$ Cosinus B A C.

B A C est l'inclinaison observée dans la mine avec le demi-cercle, et A B la longueur du cordeau.

Maintenant, en vertu du même théorème :

B C $=$ A B $\times$ Sinus B A C. Donc, pour avoir la projection horizontale d'une station, il faut multiplier sa longueur par le Cosinus de l'angle d'inclinaison.

La projection verticale s'obtient en multipliant cette même longueur par le sinus du même angle.

Il ne reste plus qu'à chercher dans les tables de logarithmes les Sinus et Cosinus de chaque angle et à les multiplier par les longueurs des stations.

Divers auteurs ont fait ces calculs une fois pour toutes, et les ont mis sous forme de tableau, ce qui permet de calculer en peu de temps un grand nombre de stations. On évite ainsi les erreurs que l'on pourrait commettre en se servant d'une table de logarithmes.

Ces calculs se font au bureau. On les inscrits au fur et à mesure dans un registre contenant des tableaux semblables à celui qui a servi à l'inscription des résultats obtenus dans la mine avec cinq colonnes en plus.

La onzième colonne est destinée aux directions des stations rapportées au nord vrai.

Dans la douzième, on inscrit les projections horizontales des stations.

La treizième sert pour les verticales montantes.

La quatorzième pour les verticales descendantes.

Enfin, la quinzième contient la somme algébrique de toutes les hauteurs ou verticales rapportées à un plan fixe de comparaison. Elle donne à chaque clou la distance verticale qui le sépare de ce plan.

Tableau servant à rapporter le plan.

DATES	N°ˢ DES CLOUS	INCLINAISONS		LONGUEURS	HAUTEURS		LARGEURS		DIRECTIONS		HORIZONTALES CALCULÉES	VERTICALES		ALTITUDES	OBSEVATIONS
		M	D		B	H	D	G	M	V		M +	D −		
	1	4°		24.10	0.00	0.00	1.50	1.50	75°	92°	24ᵐ.04	1.68		348.40	Le clou n° 1 est au centre du puits n° 2 et au-niveau du sol de la galerie d'accrochage située à la profondeur de 71ᵐ 60 au-dessous de l'orifice du puits.
	2	1/2		23.00	2.00	0.20	2.60	0.20	68°	85°	23.00	0.20		350.08	
	3		15°	26.00	1.60	0.40	0.20	2.20	71°	88°	25.11		6.73	350.28	Au point 3 on a rencontré une faille qui rejette la couche en profondeur. Elle a une direction magnétique de 163° et plonge à l'ouest avec une inclinaison de 15°.
	4	1/2		18.00	1.50	0.40	0.20	2.20	79 1/2	96° 1/2	18.00	0.16		343.55	
	5				1.80	0.20	2.50	0.00						343.71	
	1	4° 1/8		25.10	0.00	0.00	1.50	1.50	250°	267°	25.04	1.81		348.40	
	6	1/4		24.50	1.50	0.50	0.00	2.30	255 1/2	272° 1/2	24.50	0.10		350.21	
	7		3/4	23.45	1.60	0.40	1.75	0.25	247°	264°	23.45		0.30	350.31	
	8	1° 1/4		25.00	1.00	1.00	0.00	2.00	253 1/2	270° 1/2	25.00	0.55		350.01	
	9	1/2		24.00	1.75	0.30	0.00	2.00	257°	274°	24.00	0.21		350.56	
	10				1.80	0.20	1.00	1.30						350.77	

Nous allons calculer les projections horizontales et verticales des premières stations au moyen des logarithmes, afin
de montrer la manière d'opérer.

La première station entre les points 1 et 2 ayant pour
longueur $24^m,10$ et pour inclinaison 4° montant. D'après le
théorème énoncé plus avant, nous aurons : Logarithmes de
l'horizontale $=$ log., $24^m,10 +$ log. cos. 4° $- 10$.

Log. $24^m,10$ $=$ 1,3820170.
Log. cos. 4° $=$ 9,9989408.

Log. de l'orizontale $=$ 11,3809578 $- 10 =$ 1,3809578.

Le nombre correspondant à ce log. $= 24^m,04$ pour l'horizontale calculée que l'on inscrit dans le tableau précédent
à la douzième colonne entre les points 1 et 2.

De même, nous aurons log. de la verticale $=$ log. $24^m,10$
$+$ log. sin. 4° $- 10$.

Log. $24^m,10$ $=$ 1,3820170.
Log. sin. 4° $=$ 8,8435845.

Log. de la verticale $=$ 10,2256015 $- 10 =$ 0,2256015.

Le nombre correspondant à ce log. est de $1^m,68$ pour la
verticale que l'on inscrit dans la treizième colonne, l'inclinaison étant montante et entre les points n° 1 et n° 2.

La deuxième station ayant pour longueur $23^m,00$ et pour
inclinaison 1/2 montant.

Nous aurons : Log. de l'horizontale $=$ log. $23^m,00 +$ log.
cos. 30' $- 10$ et log. de la verticale $=$ log. $23^m,00 +$ log.
sin. 30' $- 10$.

Log. de la verticale $=$ 9,3025697 $- 10 =$ 1,3025697.

Log. sin. 30' $=$ 7,9408419
Log. $23^m,00$ $=$ 1,3617278
Log. cos. 30' $=$ 9,9999835

Log. de l'horizontale $=$ 11,3617113 $- 10 =$ 1,3617113.

Ce qui nous donne 23^m,00 pour l'horizontale et 0^m,20 pour la verticale, que l'on inscrit comme montante.

Enfin, la troisième station ayant 26^m,00 de longueur et 15° de pente descendante, nous aurons : Log. de l'horizontale = log. 26^m,00 + log. cos. 15° — 10 et log. de la verticale = log. 26^m,00 + log. sin. 15° — 10.

Log. de la verticale = 10,8279695 — 10 = 0,8279695.

Log. sin. 15°   = 9,4129962
Log. 26^m,00   = 1,4149733
Log. cos. 15°   = 9,9849438

Log. de l'horizontale = 11,3999171 — 10 = 1,3999171.

Les nombres correspondant à ces log. nous donnent 25^m,11 pour l'horizontale du point 3 au 4, et 6^m,73 pour différence de niveau que l'on inscrit dans la quatorzième colonne, entre les clous n° 3 et n° 4. On continue de la même manière pour calculer les horizontales et verticales de toutes les stations.

Pour obtenir les altitudes de la quinzième colonne, on se sert des verticales que nous venons de calculer. Il suffit de les ajouter ou de les retrancher selon qu'elles sont montantes ou descendantes d'un plan fixe de comparaison.

Ce plan est ordinairement le massif d'une machine, ou l'orifice d'un puits mais il est préférable de se servir du niveau de la mer, qui est indiqué par des repères en fonte placés le long des grandes routes. Il suffit d'un nivellement de ce repère à l'orifice d'un puits pour raccorder les travaux à ce plan de comparaison. On a ainsi un point fixe invariable qui permet d'établir la comparaison entre les travaux de plusieurs concessions, tandis que l'orifice d'un puits ou d'un point quelconque de la surface peut changer de niveau par suite de l'affaissement résultant des travaux intérieurs.

Supposons que le nivellement de l'un de ces repères à l'orifice du puits n° 2 donne pour altitude 420^m,00. Le point de départ n° 1, situé au centre du puits et à la profondeur de 71^m,60 au-dessous de l'orifice, aura pour altitude 420^m — 71,60 = 348^m,40. C'est-à-dire qu'il se trouvera à 348^m,40 au-dessus du niveau de la mer.

Pour rapporter tous les autres clous de la mine au plan de comparaison, nous inscrirons dans la quinzième colonne et en face du clou n° 1, 348^m,40. L'altitude du point 2 sera égale à 348^m,40 + 1,68 = 350,08.

Celle du point 3 égalera 350,08 + 0,20 = 350,28.

Celle du point 4 = 350,28 — 6,73 = 343^m,55.

Celle du point 5 = (343,55 + 0,16) = 343,71.

Au point de départ n° 1, on inscrit la même altitude que précédemment, qui est de 348^m,40.

Celle du clou n° 6 sera de 348^m,40 + 1,81 = 350,21.

Le clou n° 7 aura pour altitude 350,21 + 0,10 = 350,31, et ainsi de suite jusqu'à la fin.

Les projections horizontales et verticales étant calculées, ainsi que les altitudes des clous, il est nécessaire de faire subir une transformation aux directions magnétiques des stations avant de les rapporter.

En effet, nous avons vu dans la description de la boussole que la direction magnétique donnée par l'aiguille aimantée diffère beaucoup du nord vrai ou astronomique. Cette différence, appelée déclinaison de l'aiguille aimantée, éprouve des variations diurnes et annuelles très-notables qu'il faut à tout prix corriger.

Ordinairement, on se borne à rapporter les plans au nord magnétique, mais ce mode d'orientation offre de grands inconvénients, car, en raison des variations de l'aiguille, il est souvent très-difficile de raccorder ensemble des plans levés à des époques différentes, ou des parties d'un même plan dont l'exécution a duré plusieurs années. La question deviendrait insoluble si l'on se trouvait en présence d'anciens plans ne portant pas de dates. On ignore alors leur orientation magnétique.

Un tel état de chose peut, dans certain cas, avoir les conséquences les plus fâcheuses et même donner lieu à de regrettables accidents. En rapportant les plans au nord vrai, toutes ces causes d'erreurs seront supprimées.

Pour obtenir ce résultat, il faut qu'il existe une méridienne tracée au jour, et lorsque l'on descendra dans la mine pour en lever le plan, on aura soin de placer la boussole suivant la direction de la méridienne. On constate ainsi la déclinaison de l'aiguille aimantée, et il suffit d'ajouter ou de retrancher la déclinaison trouvée aux angles magnétiques levés dans la mine, selon que l'on aura à faire à une boussole graduée de gauche à droite, ou de droite à gauche. En agissant de la sorte, le plan ne renfermerait plus que des erreurs presque insignifiantes, provenant des légères variations de déclinaison qui auraient eu lieu pendant la durée d'une même opération.

On pourrait rapporter les plans à une direction fixe quelconque, pourvu qu'elle fût la même à toutes les époques, mais il est préférable de les rapporter au nord vrai. Les plans levés dans diverses localités sont orientés comparativement aux points cardinaux du globe et par suite comparables entre eux.

Moyens employés pour tracer une méridienne.

Pour tracer une méridienne, il faut choisir dans la concession un emplacement convenable soustrait aux affaissements produits par les travaux souterrains.

Le moyen le plus simple consiste à employer l'ombre solaire, dont la grandeur infinie au lever du soleil diminue jusqu'à midi, pour augmenter ensuite jusqu'à son coucher.

Sur une surface horizontale, on décrit plusieurs circonférences concentriques de rayon oa, ob, oc, Fig. VII, Pl. III, et au point O comme centre commun, on plante verticalement une tige parfaitement droite. On marque avant midi les points c, b, a, où l'extrémité de l'ombre de la tige rencontre chaque circonférence ; la même opération a lieu dans l'après-midi, et fournit les points a', b', c'.

Le soleil à égale distance de part et d'autre du plan méridien ayant sensiblement même hauteur, on aura la méridienne en traçant la bissectrice commune O M des angles aoa', bob', coc'.

Le point M indique le nord vrai, et le point O le sud.

On peut substituer à l'emploi de l'ombre celui des rayons solaires, ce qui permet de distinguer plus facilement l'intersection de la lumière avec les courbes concentriques.

Pour cela, on place une tige recourbée portant à son extrémité une plaque percée d'un petit trou circulaire destiné au passage des rayons solaires.

A l'aide d'un fil à plomb, on détermine le point du sol qui correspond verticalement au trou, et à partir de ce point, on décrit plusieurs circonférences concentriques. Avant et après midi, on marque les intersections des circonférences par les rayons solaires ; la méridienne s'obtient comme précédemment, en menant la bissectrice commune.

On peut également tracer la méridienne en visant l'étoile polaire avec un bon théodolite, au moment de son passage au méridien, ce qui a lieu deux fois en 24 heures

Les colonnes du tableau précédent étant remplies, il ne reste plus qu'à construire le plan. Pour cela, on détache la boussole de son suspensoir et on l'enchâsse dans une plaque métallique rectangulaire, percée en son milieu d'une ouverture destinée à la recevoir. Deux repères tracés l'un sur le bord de la boussole, l'autre sur le bord de l'ouverture centrale du rapporteur, servent à mettre la ligne de foie nord-sud du limbe de la boussole parallèle aux plus grands côtés de la plaque rectangulaire dite *rapporteur*.

La boussole étant fixée et réglée dans son rapporteur, on place ce dernier sur la feuille de papier, puis on les fait tourner ensemble jusqu'à ce que l'aiguille couvre la ligne Nord-Sud et marque par conséquent 360°.

L'aiguille étant arrêtée dans cette position, on trace une ligne le long de l'un des grands côtés du rapporteur, et l'on fixe d'une manière invariable la feuille de papier à la table. Le plan est alors orienté ; il ne reste plus qu'à rapporter les stations.

Pour cela, on choisit sur la ligne tracée précédemment un point de départ tel que la feuille de papier puisse contenir le plan des travaux exécutés et futurs. Ensuite on fait tourner autour de ce point l'un des longs côtés du rapporteur, en ayant soin de mettre toujours le nord du limbe en avant, jusqu'à ce que la pointe bleue de l'aiguille donne le même angle que celui observé dans la mine, à la première station augmenté de la déclinaison observée sur la méridienne tracée à la surface, en supposant la déclinaison de 17°, l'angle magnétique de la première station étant de 75°, cette direction avec le nord vrai sera donc de 75°+17=92°, que l'on trouve dans la onzième colonne, entre les points 1 et 2.

L'aiguille étant arrêtée sur 92°, on trace un trait le long du long côté du rapporteur passant par le point de départ sur lequel on porte une longueur proportionnelle à la projection horizontale de la première station, qui est de 24^m,04 ; ce qui nous donnera de suite la position du point n° 2.

Il faut avoir soin d'écarter tous les morceaux de fer qui, dans le bureau, peuvent se trouver autour du plan en construction. Sans cette précaution, on s'exposerait à de graves erreurs.

La 1re station étant rapportée, on fait tourner le rapporteur autour du nouveau point n° 2. Jusqu'à ce que l'aiguille bleue donne l'angle de la deuxième station consigné dans la onzième colonne, entre les points n° 2 et 3, c'est-à-dire égal à 85°, on trace un trait le long du long côté du rapporteur sur lequel on porte une longueur proportionnelle à la projection horizontale de la deuxième station, qui est de 23^m.

On rapporte la 3e station à la suite de la 2e, en opérant toujours de la même manière. En un mot, on trace sur le papier, à l'aide de la même boussole enchassée dans son rapporteur, qui a servi à lever le plan, les projections horizontales des stations dans l'ordre où elles ont été successivement levées dans la mine.

On joint les points par des traits pointillés qui représentent le cordeau, puis l'on porte les largeurs des galeries à droite et à gauche de chaque point, que l'on trouve dans la 8e et 9e colonne. On les réunit par un trait continu, ce qui donne de suite la forme des galeries, et constitue le plan des travaux rapportés au nord vrai.

Pour rapporter les plans au nord magnétique, il faut se servir des angles contenus dans la 10e colonne et opérer comme précédemment.

Toutes les fois que, par suite de la continuation des travaux, on a des nouvelles stations à rapporter, il faut de nouveau orienter le plan. Pour cela, il suffit de placer l'un des grands côtés du rapporteur sur la ligne N S qui a servi à la première orientation, puis on fait tourner le plan jusqu'à ce que l'aiguille marque 360°, et on le fixe d'une manière invariable à la table. On rapporte ensuite les nouvelles stations en se raccordant au point de départ indiqué sur le carnet.

Rapporter un plan levé avec la boussole ordinaire.

Pour rapporter un plan levé avec la boussole ordinaire, on se sert le plus souvent d'un rapporteur en corne.

On peut bien le rapporter en opérant comme précédemment avec la boussole suspendue enchâssée dans son rapporteur, mais il faudrait préalablement vérifier les deux boussoles en prenant la direction d'une même ligne. Il est, en effet, bien rare que deux de ces instruments donnent exactement le même angle. S'il y a une différence, il faudra l'ajouter ou la retrancher des directions prises avec la boussole ordinaire, selon qu'elle sera en moins ou en plus. On ramène ainsi les angles comme s'ils avaient été levés dans la mine avec la boussole suspendue.

Du reste, beaucoup de boussoles ordinaires sont construites de manière à permettre d'enlever le demi-cercle et la lunette de la boîte contenant l'aiguille aimantée. Cette boîte étant carrée peut servir à rapporter le plan. Ce qui dispense de faire les vérifications indiquées.

Le moyen le plus simple est en même temps le plus expéditif pour rapporter les plans levés avec la boussole suspendue, la boussole ordinaire ou le théodolite, consiste à employer le rapporteur en corne.

Rapporter un plan de mine avec le rapporteur.

Nous allons expliquer la manière d'opérer pour rapporter au nord vrai le plan levé dans la mine (Pl. II).

On commence d'abord par tracer une ligne droite sur la feuille de papier qui doit contenir le plan. A l'extrémité, que l'on termine en flèche, on place les deux lettres N. V., qui signifient nord vrai.

Lorsque l'on rapporte le plan, la feuille doit toujours être placée relativement à l'observateur, de manière que la pointe de la fléche, ou le nord vrai, soit en haut du plan. La queue représente le Sud, la partie du plan à droite l'Est, et la partie à gauche l'Ouest.

On choisit le point de départ sur la ligne Nord-Sud, de manière que la feuille de papier orientée puisse contenir le plan des travaux faits et à faire.

Pour rappporter la 1re station, on place le centre du rapporteur sur le point de départ, sa ligne de foie couvrant la flèche Nord-Sud. On fait ensuite avec cette dernière, au moyen du rapporteur, en tournant de droite à gauche, l'angle de la première station augmenté de la déclinaison de l'aiguille aimantée, que l'on aura observée sur la méridienne le jour même du levé.

Nous supposons toujours que les plans ont été levés avec une boussole graduée de gauche à droite Fɪɢ. VIII, Pʟ. III. Dans le cas d'une graduation de droite à gauche, nous avons vu qu'il fallait en retrancher la déclinaison pour rapporter les plans au nord vrai.

Nous prendrons donc l'angle donné par la 11ᵉ colonne du tableau, page 26. Cet angle étant de 92°, nous faisons avec la ligne Nord-Sud un angle à gauche de 92°; il se trouvera dans le troisième cadran S. O., Fɪɢ. IX, Pʟ. III.

Remarquons que cet angle, appartenant au 2ᵉ cadran de la boussole S. E., situé entre 90° et 180°, se trouve rapporté dans le 3ᵉ, Fɪɢ. IX.

En effet, l'angle a été lu dans la mine, en partant de la ligne Nord-Sud du limbe, qui est toujours dans la même direction que le cordeau, jusqu'à la rencontre de la pointe bleue de l'aiguille qui donne les angles des stations. L'angle lu est donc entièrement à gauche de l'aiguille aimantée.

Or, pour rapporter le plan, nous partons de la ligne Nord-Sud, qui représente l'aiguille de la boussole, ou plutôt le nord vrai, puisque nous avons ajouté la déclinaison; cet angle étant situé à gauche, il s'ensuit qu'il doit être rapporté dans le 3ᵉ cadran.

En résumé, un angle appartenant au 1er cadran de la boussole se rapportera dans le 4ᵉ N. O. Un angle du 2ᵉ cadran, dans le 3ᵉ S. O. Un du 3ᵉ, dans le 2ᵉ S. E. Enfin un angle du 4ᵉ cadran de la boussole se rapportera dans le 1ᵉʳ N. E., en tournant toujours de droite à gauche.

Si la boussole était graduée de droite à gauche, ce serait l'inverse ; par conséquent, on rapporterait les angles en tournant de gauche à droite.

Donc, pour la graduation de gauche à droite, tous les angles compris entre 0° et 90°, c'est-à-dire du 1ᵉʳ cadran de la boussole, se rapporteront dans le 4ᵉ N. O.

Les angles du 2ᵉ cadran compris entre 90° et 180° se rapporteront dans le 3ᵉ S. O.

Les angles compris entre 180° et 270° du 3ᵉ cadran se rapporteront dans le 2ᵉ S. E.

Enfin les angles du 4ᵉ cadran de la boussole compris entre 270° et 360° se rapporteront dans le 1ᵉʳ N. E.

Ayant marqué par un point l'angle 92° de la 1ʳᵉ station, on le joint au point de départ par un trait pointillé, et l'on porte, à partir de ce point, une longueur proportionnelle à 24ᵐ,04, projection horizontale calculée de la 1ʳᵉ station, que l'on trouve dans la 12ᵉ colonne.

Le point n° 2 de la 1ʳᵉ station étant rapporté, on mène en ce point une parallèle à la ligne Nord-Sud, puis l'on place le centre du rapporteur au point n° 2, sa ligne de foie couvrant la nouvelle droite Nord-Sud. On fait ensuite avec cette ligne un angle égal à celui de la 2ᵉ station augmenté de la déclinaison que l'on prend dans la 11ᵉ colonne et entre les points n° 2 et 3. Cet angle étant de 85° appartient au 1ᵉʳ cadran ; il sera donc rapporté dans le 4ᵉ N. O., Fɪɢ. IX.

On porte sur la ligne obtenue, à partir du clou n° 2, une longueur proportionnelle à la projection horizontale calculée de la 2ᵉ station, qui est de 23ᵐ. On obtient ainsi le point 3.

On mène une nouvelle parallèle à la ligne Nord-Sud passant par le point 3, et on fait, comme précédemment, un angle égal à celui de la 3° station, en opérant toujours de la même manière jusqu'à la fin.

Il ne reste plus qu'à porter les largeurs des galeries à droite et à gauche de chaque clou, que l'on prend dans les 8° et 9° colonnes du tableau, et à les réunir par un trait. On obtient ainsi la forme des galeries, et par suite le plan des travaux.

Ordinairement on fait usage pour les plans de mine d'un papier quadrillé dont les carrés ont 0m,01 de côté. Dans ce cas, les verticales représentent le nord vrai ou magnétique, selon le mode de rapport, et elles dispensent de mener des parallèles à chaque point.

Pour rapporter le plan au nord magnétique, on opère comme tout-à-l'heure, en se servant des angles magnétiques inscrits dans la 10° colonne.

Rapporter un plan levé dans la mine avec le théodolite.

Les plans levés dans la mine avec le théodolite peuvent être rapportés : 1° avec un rapporteur en corne ; 2° avec la boussole suspendue enchâssée dans son rapporteur.

Nous allons exposer ces deux méthodes en considérant le plan A. B. C. D. E., Fig. X., Pl. III, levé dans la mine.

PREMIÈRE MÉTHODE.

Nous avons vu, dans le lever des plans au théodolite, que l'on mesurait les angles que les stations formaient entre elles, en les observant toujours du même côté, de sorte qu'ils peuvent varier entre 0° et 360°.

En outre, nous savons qu'il est indispensable de mesurer la direction magnétique de l'un des côtés A B, par exemple. Supposons que les angles A B C, B C D, C D E, etc., soient mesurés. On commence par tracer sur la feuille de papier une droite représentant le nord vrai ou le nord magnétique, selon le mode de rapport. Puis, sur cette droite, on marque le point de départ, de manière que la feuille de papier puisse contenir le plan des travaux.

Le centre du rapporteur est placé sur ce point, sa ligne de foie couvrant la ligne N. V. du plan. On fait avec cette dernière un angle égal à la direction magnétique observée sur le côté A B augmenté de la déclinaison de l'aiguille aimantée observée le jour même du lever sur la méridienne tracée à la surface, puis l'on porte, à partir du point de départ A, sur la ligne A B, une longueur proportionnelle à la projection horizontale calculée du premier côté de l'angle A B C. Le plan se trouve orienté.

On fait ensuite au point B, avec la ligne A B, un angle égal à A B C, et à partir du point B, on porte une longueur proportionnelle à la projection horizontale B C. ce qui donne le point C. Autour de ce point et avec la ligne B C, on fait un angle égal à l'angle extérieur B C D, puis sur la ligne obtenue C D, on prend une longueur proportionnelle à la projection horizontale C D; on obtient ainsi le point D.

On continue toujours de la même manière jusqu'à la fin du plan. en rapportant les angles que les stations forment entre elles, et portant des longueurs proportionnelles aux projections horizontales calculées des côtés des angles.

On joindra les points entr'eux par des traits pointillés qu représentent les stations, puis on portera, à droite et à gau-

che de chaque point, les largeurs des galeries ; enfin, réunis-
sant les points entr'eux, on aura la forme des galeries cons-
tituant le plan des travaux souterrains.

DEUXIÈME MÉTHODE.

La même boussole ayant servi dans la mine à prendre la
direction magnétique du premier côté A B, Fig. X, étant enchâssée dans son rapporteur, on commence par orienter le
plan en traçant sur la feuille de papier un trait représentant
le nord magnétique ou le nord vrai, selon que l'on opérera
avec les directions magnétiques, ou bien qu'on les aura
augmentées de la déclinaison de l'aiguille aimantée. Nous
supposons rapporter le plan au nord vrai.

Sur le trait dont nous venons de tracer, on y place l'un
des longs côtés du rapporteur, et l'on fait tourner le tout
jusqu'à ce que la pointe bleue de l'aiguille marque 360°,
puis l'on fixe d'une manière invariable la feuille de papier à
la table.

Sur le trait Nord-Sud, on choisit un point de départ tel
que la feuille de papier puisse contenir le plan présent et
futur des travaux, puis l'on fait tourner l'un des longs côtés
du rapporteur autour de ce point, en tenant toujours le nord
du limbe en avant, jusqu'à ce que l'aiguille bleue donne
l'angle observé dans la mine, augmenté de la déclinaison.
On trace, le long du rapporteur, un trait auquel on donne
une longueur proportionnelle à la projection horizontale calculée du premier côté A B, ce qui donne le point B.

Pour rapporter le côté des angles suivants, il devient indispensable de connaître leur direction magnétique. Alors pour
continuer le plan, il ne restera plus qu'à ajouter à chacun
d'eux la déclinaison de l'aiguille aimantée, et opérer comme

si l'on avait à rapporter un plan levé dans la mine avec la boussole suspendue.

Pour obtenir les directions magnétiques des côtés des angles, il suffit d'avoir la direction magnétique de l'un des côtés, A B, par exemple, à laquelle on ajoute 180°, plus l'angle formé par les deux côtés A B et B C; on retranche de ce total 360°, la différence donne la direction cherchée du second côté B C.

En appelant α, l'angle magnétique du 1er côté A B, β l'angle formé par les deux autres côtés A B et B C, on aura : $\alpha + \beta + 180° — 360$ pour la formule générale donnant la direction magnétique des côtés.

Dans le cas où la direction magnétique du 1er côté A B aurait été prise avec une boussole graduée de droite à gauche, il faudra se servir des angles que les stations forment entre elles, situés du côté Nord, Fig. XI, Pl. III. Pour une graduation inverse, on se servira des angles situés du côté Sud.

Supposons que la direction magnétique du côté A B, prise avec une boussole graduée de droite à gauche, soit de 119° 1/4. Celle du côté B C sera de 119 1/4 + 131° 1/4 + 180° — 360° = 70° 1/2. La direction magnétique du côté C D = 70° 1/2 + 211° 1/4 + 180° — 360° = 101° 3/4. Celle du côté D E = 101° 3/4 + 212° 1/4 + 180° — 360° = 134°.

Pour une graduation de gauche à droite, la direction magnétique du côté A B étant de 240° 3/4, celle du côté B C sera de 240° 3/4 + 228° 3/4 + 180° — 360° = 289° 1/2. La direction magnétique C D = 289° 1/2 + 148° 3/4 + 180° — 360° = 258° 1/4.

Enfin la direction magnétique du côté D E sera égale à 258° 1/4 + 147° 3/4 + 180° — 360° = 226°. On continue de calculer toutes les stations en opérant toujours de la même manière.

Les différentes méthodes graphiques employées pour rapporter un plan levé au théodolithe doivent être rejetées. En effet, elles annulent l'avantage donné par un instrument beaucoup plus exact que la boussole, puisqu'il permet de lire les angles à une minute près ; tandis que la méthode suivante offre la plus grande exactitude.

Méthode des trois plans coordonnés.

L'application des différentes méthodes graphiques pour rapporter un plan de mine levé avec un instrument quelconque entraîne des erreurs qui s'accumulent successivement et se reportent sur la dernière station ; elles ont, en outre, le défaut capital de ne pas se prêter d'une manière satisfaisante pour la résolution des différents problèmes de percements qui se présentent dans une exploitation ; pour ces motifs, on ne doit pas en faire usage.

La méthode des trois plans a pour but de substituer aux angles de direction des stations le calcul de leurs lignes trigonométriques. La direction du cordeau, son inclinaison et sa projection horizontale sont prises par rapport à trois plans fixes perpendiculaires les uns aux autres.

L'un de ces plans verticaux est parallèle au nord magnétique ou au nord vrai, selon que l'on opère avec les directions prises dans la mine, ou bien que l'on y ajoute la déclinaison de l'aiguille aimantée observée sur la méridienne tracée à la surface le jour même de chaque levé.

Le second plan vertical est perpendiculaire au précédent. Enfin le troisième est horizontal.

On suppose, pour plus de simplicité, que ces trois plans viennent se couper au premier point de départ du plan.

Cette méthode fixe par des sommes algébriques la distance de chaque point de la mine au point de départ.

Supposons le point de départ déterminé, il est clair que la position d'un point quelconque de la mine sera parfaitement déterminé si nous connaissons sa différence de niveau par rapport au point de départ et la longueur qu'il faudrait compter sur une ligne faisant en ce point un angle connu avec la direction du Nord vrai ou magnétique.

Pour éviter toute introduction d'instrument, et afin de n'avoir que des données numériques, on substitue à la direction fournie par la boussole, et qui représente toujours l'hyoténuse d'un triangle-rectangle, les deux côtés de l'angle droit. Cette substitution permet de construire le triangle sans employer les angles.

Cette détermination des différents points de la mine, par rapport au point de départ, est basée sur un principe auquel la méthode doit son nom. C'est que la position d'un point quelconque dans l'espace est déterminée quand on connaît la longueur des trois perpendiculaires abaissées de ce point sur trois plans qui se coupent à angle droit en un point commun pris pour origine.

On peut se rendre parfaitement compte de ce principe en supposant que l'on prenne pour point de départ le sommet A d'un angle formé dans un appartement par l'intersection du plancher avec les deux murs latéraux se coupant en angle droit, dont l'un aurait la direction Nord-Sud, et l'autre, par conséquent, la direction Est-Ouest.

Dans la Fig. XII, Pl. III, la ligne N A représente la projection horizontale de l'un des murs latéraux parallèle au Nord-Sud, la ligne A E sera la projection horizontale de l'autre mur vertical ayant pour direction O E.

Soit B la projection horizontale d'un point quelconque de l'appartement sur le plancher ; en joignant le point A au point B par un trait pointillé, nous aurons la projection horizontale de la première station.

La véritable position du point B dans l'espace sera exactement déterminée si nous connaissons la longueur de la perpendiculaire B D abaissée de ce point sur le mur A E, la longueur de la perpendiculaire C B abaissée du même point sur le mur N A, et la distance verticale de ce point au plancher.

On voit qu'une station inclinée n'est pas autre chose que la diagonale d'un parallélipipède rectangle ayant pour dimensions les trois perpendiculaires ci-dessus.

Ces trois perpendiculaires portent différents noms. La perpendiculaire abaissée du point B sur le plancher horizontal, n'est autre chose que la verticale calculée, ou le sinus de l'angle d'inclinaison du cordeau ; elle s'appelle *altitude*.

La perpendiculaire C B, abaissée du point B sur le mur Nord Sud, porte le nom de *longitude*.

Enfin la perpendiculaire B D, abaissée de ce même point sur le mur O E, se nomme *latitude*.

Tout se borne donc, dans la méthode que nous décrivons, à calculer les latitudes, les longitudes et les altitudes, afin de pouvoir déterminer la position de chaque point de la mine. Il nous reste à faire comprendre comment on peut déduire des données prises dans la mine la valeur et les signes de ces coordonnées.

Nous avons vu comment on obtient les altitudes ou différences de niveau entre chaque point ; elles sont positives ou négatives, selon que l'inclinaison est montante ou descendante.

Les longitudes et les latitudes varient de signes, selon qu'elles appartiennent au 1er, 2e, 3e ou 4e cadran.

Les longitudes comptées sur le plan vertical coordonnées du côté Est sont positives.

Les longitudes, comptées suivant ce même plan et du côté Ouest, sont négatives.

Les latitudes, comptées sur le plan coordonné vertical du côté Nord, sont positives.

Enfin celles comptées suivant ce même plan et du côté Sud sont négatives.

Supposons une boussole graduée de gauche à droite FIG. XIII, PL. III, une station C A ayant pour direction l'angle indiqué par la flèche *a a*, situé dans le premier cadran du limbe, appartiendra en réalité à un angle du quatrième cadran N O, FIG. XIV, PL. III.

En effet, l'angle a été lu dans la mine en partant de la ligne Nord-Sud du limbe, qui est toujours parallèle à la direction du cordeau, jusqu'à la rencontre de la pointe bleue de l'aiguille qui donne les directions des stations : l'angle lu est donc entièrement à gauche de l'aiguille aimantée. Or, comme le plan coordonné vertical Nord Sud, FIG. XIV, représente le plan vertical passant par l'axe de l'aiguille aimantée ou par le nord vrai, selon le mode de rapport, cette direction C A, donnée par la boussole, sera donc bien représentée par la FIG. XIV. Sa longitude A Q étant du côté Ouest sera donc négative, et sa latitude Q C située au Nord sera positive.

La station C A' du deuxième cadran de la boussole FIG XIII, ayant pour direction l'angle indiqué par la flèche *b b b*, appartiendra, pour la même cause que précédemment, à un angle du troisième cadran. Sa véritable position est donnée par la Fig. XV. Sa longitude A′ Q′ étant du côté Ouest, et sa latitude C Q′ du côté Sud, seront toutes deux négatives.

La station C A″ du troisième cadran Fig. XIII ayant pour direction l'angle indiqué par la flèche *c c c c* appartient à un angle du deuxième cadran Fig. XVI. Sa longitude A″ Q′ étant du côté Est sera positive. Sa latitude C Q′ étant du côté Sud sera négative.

Enfin, la station C A‴ du quatrième cadran de la boussole Fig. XIII, ayant pour direction l'angle indiqué par la flèche *d d d d d*, appartient, pour les mêmes causes que ci-dessus, à un angle du premier cadran Fig. XVII. Sa longitude A‴ Q étant du côté Est sera positive, et sa latitude C Q, du côté Nord, sera positive aussi.

En résumé, tous les angles du premier cadran compris entre 0° et 90° auront leurs longitudes négatives et leurs latitudes positives.

Les angles du deuxième cadran compris entre 90° et 180° auront leurs longitudes et leurs latitudes négatives.

Les angles du troisième cadran compris entre 180° et 270° auront leurs longitudes positives et leurs latitudes négatives.

Enfin les angles du quatrième cadran compris entre 270° et 360° auront leurs longitudes et leurs latitudes positives.

Les lignes C A, C A′, C A″, C A‴ des Fig. XIV, XV, XVI, XVII représentent les horizontales calculées des stations faites dans la mine, autour d'un point commun de départ C, et dans les quatre positions variables qui peuvent se présenter dans un plan de mine. On voit que ces lignes représentent toutes des hypoténuses de triangles-rectangles dont les deux autres côtés sont les longitudes et les latitudes de chaque point. Ainsi, par exemple, le point A Fig. XIV, qui a pour longitude Q A et pour latitude Q C ; elles forment un triangle-rectangle dans lequel nous connaissons l'angle Q C A donné par la boussole, et l'hypoténuse A C horizontale calculée de cette station. Il nous est facile d'avoir les deux autres côtés de l'angle droit, en vertu du théorème énoncé plus haut : Latitude C Q=A C × Cos. Q C A.

Et longitude A Q=AC × Sin. Q C A.

Donc la latitude d'une station est égale à la projection horizontale calculée multipliée par le cosinus de l'angle de direction, et sa longitude est égale à cette même longueur multipliée par le sinus du même angle.

Seulement ici se présente une difficulté ; dans un triangle-rectangle, un des angles adjacents à l'hypoténuse ne doit jamais dépasser 90°. Cette condition est remplie dans le calcul de l'inclinaison, car le demi-cercle ne peut donner des angles supérieurs à un droit. Mais la boussole peut former des angles variant entre 0° et 360° ; d'où la nécessité de ramener les angles au premier cadran, c'est-à-dire à être plus petit que 90°, en faisant en sorte de ne jamais confondre un angle vrai avec son supplément. Pour cela, il suffit de se rappeler que l'on prend toujours l'angle aigu fait à droite ou à gauche de la ligne Nord-Sud.

Pour la station C A‴ FIG. XVII, ayant pour direction l'angle indiqué par la flèche *d d d d d*, FIG. XIII nous opérerons pour calculer la longitude A‴ Q et la latitude Q C du point A‴, avec l'angle Q C A‴ qui est égal à la direction C A‴ retranchée de 360°.

La station C A″, FIG. XVI, ayant pour direction l'angle indiqué par la flèche *c c c c* de la FIG. XIII, pour calculer la longitude Q′ A″ et la latitude C Q′ du point A″, nous nous servirons de l'angle Q′ C A″, qui est égal à la direction C A″ moins 180°.

Pour calculer la longitude Q' A' et la latitude Q' C, Fig. XV, on se servira de l'angle Q' C A', qui est égal à l'angle indiqué par la flèche bbb, Fig. XIII, retranchée de 180°.

Enfin, pour la station C A, Fig. XIV, ayant pour direction l'angle indiqué par la flèche aa, Fig. XIII, pour calculer la longitude Q A et la latitude Q C du point A, nous nous servirons de l'angle Q C A donné par la boussole, attendu qu'il est inférieur à 90°.

En résumé, tous les angles de direction compris entre 0_0 et 90° servent directement à calculer les longitudes et les latitudes.

Les angles compris entre 90° et 180° doivent être retranchés de 180°; on opère avec la différence.

Tous les angles compris entre 180° et 270°, on en retranchera 180, et l'on opérera avec la différence.

Enfin tous les angles compris entre 270° et 360° seront retranchés de 360°, et on prendra l'excès pour calculer les longitudes et les latitudes.

Pour rapporter les plans au nord vrai, on ajoute préalablement à chaque angle donné par la boussole la déclinaison de l'aiguille aimantée, puis on leur fait subir les transformations indiquées ci-dessus.

Ayant ramené les angles de direction au premier cadran, c'est-à-dire à être plus petit que 90°, il suffira, pour avoir les longitudes et latitudes de chaque point, d'opérer comme nous venons de le faire pour calculer la latitude C Q et la longitude A Q de la Fig. XIV.

En se rappelant bien les principes que nous venons de décrire, on ne devra pas hésiter sur les signes à attribuer aux longitudes et latitudes. C'est faute d'attention que l'on obtient des plans renversés quand on commence à employer cette méthode.

Tous ces principes sont résumés dans le tableau synoptique PL. I. Ordinairement on a des registres dont chaque feuille contient un tableau semblable. Tous les relevés de la mine y sont consignés de manière à pouvoir en tout temps vérifier l'exactitude des calculs, refaire les plans détériorés ou égarés, et fournissent les données nécessaires aux différents problèmes de percement avec la plus grande exactitude.

Afin de bien faire comprendre la marche à suivre, nous allons calculer les longitudes et les latitudes de plusieurs stations.

La direction de la première station ramenée au nord vrai étant de 92°, il faut, comme il a été dit, retrancher cet angle de 180° et inscrire le reste 88° dans les angles réduits du deuxième cadran S E. Alors on cherche dans les tables de logarithmes ou dans les tables de sinus calculées quelle est la latitude et la longitude d'une station de 24^m,04 d'horizontale calculée pour un angle de 88°.

Nous avons vu plus haut que la longitude était égale à la projection horizontale d'une station multipliée par le sinus de l'angle de direction, et que la latitude était égale à cette même longueur multipliée par le cosinus du même angle.

Toutes les fois que l'angle est plus petit que 45°, la latitude est plus grande que la longitude. Dans le cas d'un angle supérieur, la longitude est plus grande que la latitude.

Pour le cas présent, l'angle étant supérieur à 45° la longitude sera plus grande que la latitude et s'obtiendra en multipliant 24^m,04 par le sinus de l'angle de 88°, tandis que la latitude sera égale à 24^m,04 multipliés par le cosinus du même angle.

Donc log. de la longitude $=$ log. $24^m,04 +$ log. sin. $88°$ — 10, et log. de la latitude $=$ log. $24^m,04 +$ log. cos. $88°$ — 10.

Log. de la longitude $= 11,3806699 — 10 = 1,3806699$

Log. sin. de 88°	$= 9,9997354$
Log. de $24^m,04$	$= 1,3809345$
Log. cos. de 88°	$= 8,5428192$
Log. de la latitude	$= 9,9237537 — 10 = \overline{1},9237537$

Nombre correspondant au log. de la longitude $1,3806699 = 24^m,03$.

Nombre correspondant au log. de la latitude $\overline{1},9237537 = 0,84$.

Nous inscrivons $24^m,03$ dans la colonne des longitudes négatives, et $0^m,84$ dans celle des latitudes négatives, puisque l'angle appartient au deuxième cadran dans lequel les longitudes et les latitudes sont négatives. Du reste, il suffit de jeter un coup-d'œil à l'entête de chaque colonne des angles réduits dans les quarts de cercle pour voir de suite le signe à donner aux longitudes et aux latitudes. Les lettres X et Y représentent l'une la longitude et la dernière la latitude ; ces deux coordonnées sont négatives ou positives, suivant que le signe — ou + les suit.

L'angle de la deuxième station avec le nord vrai étant de $85°$, on l'inscrit dans les angles du premier cadran N E, sans lui faire subir de modification, puis l'on cherche la longitude et la latitude d'un angle de $85°$ pour une longueur de 23^m.

On trouve, en opérant comme pour la 1re station, $22^m,91$ pour la longitude et 2^m pour la latitude. L'angle étant plus grand que $45°$, la longitude sera plus grande que la latitude.

Or, d'après ce que nous venons de dire, la lettre X, qui représente la longitude, est accompagnée du signe —; elle sera donc négative; tandis que la lettre Y, qui représente la latitude, est suivie du signe +, sera positive.

On inscrira donc 22^m,91 dans la colonne des longitudes négatives, et 2^m dans celle des latitudes positives.

La troisième station ayant pour direction 88°, on l'inscrira dans les angles réduits du premier cadran N E, comme le précédent, et nous chercherons la longitude et la latitude d'un angle de 88° pour une projection horizontale calculée de 25^m,11. Les calculs nous donnent 25^m,10 pour la longitude et 0^m,87 pour la latitude. La longitude sera inscrite comme négative, et la latitude comme positive.

On continue de calculer les longitudes et les latitudes en opérant comme pour la première station.

Il faudra ensuite faire la somme algébrique des longitudes et des latitudes, afin de pouvoir construire le plan. En effet, il est clair que la longitude et la latitude du point n° 3, par exemple, de la deuxième station sont égales à la somme des longitudes et des latitudes des points 2 et 3, si elles sont dans le même sens, et à l'excès de l'une sur l'autre, si elles sont en sens contraire.

On ajoutera donc ou l'on retranchera chaque latitude et chaque longitude de la somme précédente, et l'on écrira la somme ou la différence, suivant le cas, dans les colonnes positives ou négatives.

Nous allons expliquer la manière de faire les sommes algébriques des longitudes et latitudes des premières stations du tableau PL. 1.

Le point n° 1 étant le point de départ, il est évident qu'il ne peut avoir de longitude et de latitude; on inscrira donc zéro dans les colonnes des sommes algébriques des longitudes et latitudes, et en regard du clou n° 1.

Le clou n° 2 ayant pour longitude — 24,03, et pour latitude — 0,84, nous ne ferons que les transcrire dans les colonnes des sommes algébriques du même signe.

La latitude du clou n° 3 est égale à celle du clou n° 2, plus à la latitude de la deuxième station $= - 0,84 + 2 = +$ $1^m, 16$.

De même la longitude du clou n° 3 est égale a celle du clou n° 2, plus à la longitude de la deuxième station $= - 24,03 - 22^m,91 = - 46^m,94$.

La latitude du clou n° 4 $= + 1,16 + 0,87 = + 2^m,03$.

La longitude du clou n° 4 $= - 46,94 - 25,10 = - 72,04$.

La latitude du clou n° 5 $= + 2,03 - 2,04 = - 0,01$.

La longitude du clou n° 5 $= - 72,04 - 17,88 = - 89^m,92$.

Comme l'on repart du clou n° 1 au 6, nous inscrirons zéro en face du clou n° 1, et nous porterons la longitude et la latitude de la station du 1 au 6 dans les sommes algébriques, telles qu'elles sont et avec les mêmes signes, ce qui nous donne : — 1,31 pour la latitude du point 6, et + 25,01 pour la longitude de ce même point.

La latitude du clou n° 7 $= - 1,31 + 1,07 = - 0,24$.

La longitude du clou n° 7 $= + 25,01 + 24,48 = + 49,49$.

La latitude du clou n° 8 $= - 0,24 - 2,45 = - 2,69$.

La longitude du clou n° 8 $= + 49,49 + 23,32 = + 72^m,81$.

Les colonnes des sommes algébriques étant remplies, il faudra, pour rapporter le plan, compter à partir de l'origine de la première station et non à partir du point précédent.

Comme on le voit, au moyen des sommes algébriques des longitudes et des latitudes, tous les points de la mine sont fixés par rapport au point de départ, et le grand avantage de cette méthode est de ne pas permettre aux erreurs de s'ajouter et de se rapporter toutes sur la dernière station. Ce qui, dans le cas d'un grand nombre de stations, peut occasionner de grandes différences.

Rapporter un plan par la méthode des trois plans coordonnés.

Nous allons expliquer la manière d'opérer pour rapporter le plan Pl. II.

On commence par choisir un point de départ tel que la feuille de papier puisse contenir le plan présent et futur des travaux, puis en ce point on trace deux lignes perpendiculaires l'une sur l'autre, dont l'une représente la trace du plan vertical nord vrai, puisque nous avons ajouté la déclinaison aux angles de direction avant de faire les calculs, et l'autre la trace du plan vertical Ouest-Est sur le plan horizontal.

La trace du plan vertical nord vrai est représentée par une flèche à l'extrémité de laquelle on y met les deux lettres N V; ce qui signifie que le plan est rapporté au nord vrai et que, par conséquent, on a ajouté à chaque angle magnétique, avant de faire les calculs, la déclinaison de l'aiguille aimantée observée sur la méridienne tracée à la surface; vers la queue de la flèche, on y met la lettre S, qui représente le Sud.

Aux deux extrémités de la droite représentant la trace du plan vertical Est-Ouest sur le plan horizontal, on y place les deux lettres O E. La lettre O, placée à gauche, représente l'Ouest, et la lettre E, placée à droite, représente l'Est.

Le point de départ étant à l'intersection de ces deux droites, il suffira de décrire de ce point avec un rayon proportionnel à celui du puits, une circonférence qui représentera le puits n° 2.

La feuille de papier étant orientée, il est très-facile de rapporter le plan. Pour cela, il suffit de se rappeler que toutes les longitudes positives sont comptées sur la ligne placée à l'Est, et les longitudes négatives sur la ligne opposée, c'est-à-dire à l'Ouest.

Les latitudes positives se comptent sur la ligne Nord, située au-dessus du point de départ, et les latitudes négatives sur la ligne Sud et au-dessous de ce même point.

Pour rapporter le clou n° 2, nous cherchons dans le tableau Pl. 1 et dans les colonnes des sommes algébriques quelle est la longitude est la latitude de ce point. Nous trouvons que sa longitude est de $24^m,03$ et sa latitude de $0^m,84$. Ces deux signes négatifs nous démontrent de suite que le clou n° 2 doit être rapporté dans le troisième cadran S O.

Nous porterons sur la ligne Ouest, à partir du point de départ, une longueur proportionnelle à $24^m,03$, puis de ce point nous abaisserons une perpendiculaire du côté Sud, sur laquelle nous porterons une longueur proportionnelle à 0,84, ce qui nous donnera de suite la position du clou n° 2. On le joint au point de départ n° 1 par un trait pointillé, représentant la projection horizontale calculée de la première station.

On prend ensuite, dans les mêmes colonnes, la longitude et la latitude du clou n° 3. Ce qui nous donne : — 46,94 pour la longitude, et + 1,16 pour la latitude. La longitude étant négative, nous prendrons une longueur proportionnelle à $46^m,94$, que nous porterons sur la ligne Ouest, à partir du point n° 1, et de ce point nous élèverons une perpendiculaire du côté Nord, proportionnelle à la latitude 1,16. Nous aurons ainsi le clou n° 3, nous le joindrons au précédent par un trait pointillé, représentant la deuxième station.

Le clou n° 4 ayant pour longitude — 72,04 et pour latitude + 2,03, nous portons, à partir du point de départ, et toujours sur la ligne Ouest, une longueur proportionnelle à 72,04, à l'extrémité de laquelle nous élèverons une perpendiculaire du côté Nord, proportionnelle à 2,03, ce qui nous donnera le clou n° 4. On le joindra au précédent par un trait pointillé.

Le clou n° 5 ayant pour longitude : — 89,92 et pour latitude — 0,01, se trouvera sur la ligne Ouest, à une distance du point n° 1 proportionnelle à 89^{m}92.

Le clou n° 6 dont la longitude est égale à + 25,01, et la latitude à — 1,31, s'obtiendra en portant, à partir du point de départ et du côté Est, une longueur proportionnelle à 25,01 et en abaissant, du côté Sud de ce point, une longueur proportionnelle à 1,31.

On rapporte tous les clous en opérant de la même manière. Il ne reste plus alors, pour avoir la forme des galeries, qu'à porter, à droite et à gauche de chaque clou, les largeurs observées dans la mine, qui se trouvent inscrites sur le tableau dans les 8e et 9e colonnes. On les joint ensuite par un trait continu, ce qui donne de suite la forme des galeries et constitue le plan des travaux souterrains.

Il ne faut pas oublier de rapporter sur le plan les accidents ou failles quelconques rencontrées dans le levé du plan, et d'indiquer par des petites flèches le sens de leur plongée.

Pour simplifier le travail, on se sert ordinairement de papier cadrillé en petits carrés de 0^m,01 de côté, ce qui évite d'élever en chaque point des perpendiculaires. Il suffit de tracer des parallèles sur lesquelles on prend des longueurs proportionnelles aux coordonnées de chaque point.

Cette méthode a le précieux avantage d'offrir une vérification sûre. Toutes les fois que l'on se raccorde à un clou, la longitude, la latitude et l'altitude doivent être les mêmes que celles qu'ils avaient déjà. Si elles ne sont pas semblables, il y a eu erreur dans le levé ou dans les calculs des coordonnées.

Ainsi on remarquera, dans le plan que nous venons de rapporter, qu'il existe plusieurs raccordements donnant une très-légère différence.

Dans un parcours de 500 à 600 mètres, une approximation de $0^m,50$ doit être considérée comme très-satisfaisante.

Dans les calculs des coordonnées d'un point, on peut commettre une erreur qui serait, par suite des sommes algébriques reportées sur les points suivants. Il y a un moyen de contrôle permettant de trouver immédiatement à quelle station se trouve l'erreur. Ce moyen est de rapporter le plan avec le rapporteur en corne, et de vérifier au fur et à mesure avec les coordonnées la position de chaque point. Si les deux méthodes ne s'accordent pas, c'est-à-dire si la position d'un point n'est pas exactement la même dans les deux cas, il faudra vérifier de suite les calculs des coordonnées, on sera certain d'y trouver une erreur.

Le géomètre, pour éviter de graves erreurs, devra toujours faire cette vérification.

Projections verticales des travaux.

La projection horizontale des travaux n'est pas toujours suffisante pour bien comprendre l'allure d'une couche et le système d'exploitation employé, surtout dans le cas d'une couche inclinée. Il est alors indispensable, pour rendre l'intelligence du plan plus facile, d'avoir des coupes et des projections verticales des travaux.

Nous allons expliquer la manière d'opérer pour faire la projection verticale du plan que nous venons de rapporter. La dernière colonne du tableau (PL. I) des sommes algébriques des altitudes renferme tous les documents nécessaires pour cette construction, et nous avons vu, pages 28 et 29, la marche à suivre pour l'obtenir.

On commence d'abord par tracer une ligne de terre L T, placée de manière que la feuille de papier puisse contenir la projection verticale des travaux. Elle passera, par exemple, au niveau de l'orifice du puits n° 2, à une altitude de 420 mètres au-dessus du niveau de la mer. Ensuite on projette tous les points du plan sur cette ligne, par laquelle passe le plan de comparaison. On porte après cela, et à la même échelle que celle du plan horizontal, les altitudes de chaque point sur leur projection. On a soin de prendre le plan de comparaison assez élevé, de manière à porter les altitudes toujours dans le même sens.

Le clou n° 1, ayant pour altitude $348^m,40$, se trouvera, par conséquent, à $420 - 348,40 = 71^m,60$ au-dessous du plan de comparaison.

On portera à l'échelle, à partir de la ligne de terre L T et sur la projection du clou n° 1, une longueur de $71^m,60$. Le point obtenu sera la projection verticale du clou n° 1.

Le point n° 2, qui a pour altitude 350,08, est donc à $420 - 350,08 = 69^m,92$ au-dessous de la ligne de terre ; on le projette, et à l'échelle on prend une longueur de $69^m,92$, que l'on porte au-dessous de la ligne de terre, suivant sa projection.

Le point n_0 3, dont l'altitude est de $350^m,28$, est situé à $420^m - 350,28 = 69,72$ au-dessous du plan de comparaison ; on le projette, et à l'échelle on porte une longueur de $69^m,72$ au-dessous de la ligne de terre, suivant sa projection.

On continue toujours de la même manière pour obtenir la projection verticale des autres points du plan horizontal.

Ceci fait, il ne reste qu'à porter, au-dessus et au-dessous de chaque clou, la hauteur mesurée dans la mine du toit et du sol des galeries, que l'on trouve dans la 6e et 7e colonne du tableau, puis on réunit les points ainsi obtenus par un trait, ce qui donne de suite la projection verticale des galeries. Il ne reste plus qu'à rapporter le profil du terrain pour compléter la projection verticale des travaux.

Coupes verticales des travaux.

Les coupes verticales sont indispensables pour bien reconnaître une couche ; elles facilitent les recherches d'une couche interrompue par une faille, et rendent les couches d'un même bassin comparables entre elles.

Nous allons exposer la manière de faire les coupes verticales, suivant les traces horizontales des plans verticaux A A′, B B′, C C′, D D′, E E′. On commence par mener sur le plan horizontal une ligne de repère X Y, à partir de laquelle sont mesurées toutes les galeries coupées par les traces ci-dessus. La ligne X Y est reportée verticalement en Y′ X′ ; elle sert de nouveau de repère pour toutes les coupes verticales.

Pour faire la coupe suivant E E′, par exemple, on trace la ligne de comparaison R R′ perpendiculaire à X′ Y′. Cette ligne doit passer a une altitude assez haute ou assez basse pour que la position des galeries soit en dessus ou en dessous du plan de comparaison, afin que les altitudes soient toujours portées dans le même sens.

Supposons que le plan de comparaison R R′ passe à une altitude de 340 mètres au-dessus du niveau de la mer. Les travaux inférieurs ayant une altitude supérieure se trouveront tous au-dessus de ce plan.

On prend sur le plan horizontal les distances ab, ac, ad, déterminées par l'intersection de la ligne E E′ avec une des parois des galeries, et on les porte sur la ligne de comparaison R R′ en $a'b'$, $a'c'$, $a'd'$. Aux points b', c', d', on élève des perpendiculaires sur lesquelles on porte des hauteurs proportionnelles aux altitudes des clous les plus voisins du passage de la coupe, diminuées de la hauteur des clous au-dessus du sol de la galerie.

Ainsi, pour rapporter sur la coupe la position de la galerie coupée en d, nous porterons sur la perpendiculaire élevée en d' une longueur proportionnelle à l'altitude du clou $n_0 13$, qui est le plus voisin, diminuée de la hauteur de ce clou au-dessus du sol de la galerie.

Or, le point 13 a pour altitude 350,82 ; retranchant $2^m,00$ de hauteur de clou, il reste $348^m,82$ pour l'altitude représentant le niveau du sol de la galerie. L'altitude du plan de comparaison R R′ étant de 340^m, il nous restera $8^m,82$ à porter sur la perpendiculaire élevée au point d' ce qui nous donnera le point n, par lequel nous mènerons l'horizontale $n\,n'$ représentant le niveau du sol de la galerie coupée en d.

De même, pour avoir la position de la galerie coupée en c, on porte sur la perpendiculaire élevée en c' une longueur proportionnelle à l'altitude 358,82 du clou n° 31, diminuée de la hauteur de ce même clou, qui est de $2^m,00$, il reste 356,82, ce qui fait $16^m,82$ à porter. Nous aurons ainsi le point P. On mènera l'horizontale P P′, qui représentera le niveau du sol de la galerie coupée en c.

Enfin, pour obtenir la position de la galerie coupée en b, par le passage de la coupe E E′, on prendra sur la perpendiculaire élevée au point b' une longueur proportionnelle à l'altitude du clou n° 35, le plus voisin du passage de la coupe, diminuée de la hauteur de ce clou au-dessus du sol de la galerie, c'est-à-dire à $366^m,61 - 2 = 364^m,61$. Ce qui fait $24^m,61$ à porter au-dessous du plan de comparaison R R′, et sur la perpendiculaire élevée au point b'. Nous obtiendrons le point q Comme ci-dessus, on mène l'horizontale $q\,q'$ représentant le niveau du sol de la galerie coupée en b.

Maintenant il ne reste plus qu'à porter à droite de chaque perpendiculaire, et sur les horizontales $n\,n'$, P P′, $q\,q'$ les sections des galeries coupées par le passage de la coupe.

On joint les points q P n par un trait continu qui représentera le mur de la couche, pourvu, bien entendu, que les galeries soient tracées suivant le mur. On porte ensuite normalement au trait que nous venons de tracer l'épaisseur de la couche. On joint ces nouveaux points par un trait qui représentera le toit de la couche.

On dessine le profil de la surface fait suivant le passage de la coupe, et la figure obtenue donne fidèlement la forme de la couche coupée verticalement en E E'.

Pour faire les autres coupes, et dans une direction quelconque du plan, on opère exactement de la même manière.

Courbes de niveau.

Les courbes de niveau sont d'une grande importance quand les couches sont inclinées et irrégulières. Grâce à leur emploi, il suffit de jeter un coup-d'œil sur le plan pour connaître immédiatement l'allure d'une couche.

Elles sont en même temps d'un grand secours et très-expéditives pour faire des coupes géologiques d'un bassin houiller, surtout dans le cas où toutes les concessions de ce bassin les auraient rapportées au même plan de comparaison qui, en général, est le niveau de la mer.

Pour tracer sur le plan de mine les courbes de niveau d'une couche irrégulière, on fera préalablement des coupes verticales suivant des lignes déterminées et suffisamment rapprochées.

Dans le cas d'une couche régulière comme celle représentée par le plan (Pl. II), on se contentera de les faire tous les 40 à 50 mètres.

Nous allons démontrer le tracé des courbes de niveau qui, sur le plan, passent aux altitudes de 340, 345, 350, 355, 360 et 365 mètres au-dessus du niveau de la mer, c'est-à-dire qu'elles sont tracées tous les 5 mètres de hauteur verticale. Pour une couche faiblement inclinée, on ferait des courbes distantes verticalement de 2 ou 3 mètres.

Lorsque les coupes verticales qui passent par les lignes E E', D D', C C', B B', A A' sont terminées, on mène sur chacune d'elles, et tous les 5 mètres, des parallèles aux plans de comparaison RR', ZZ', SS', TT', U U', passant aux altitudes de 340, 345, 350, 355, 360 et 365 mètres, que l'on prolonge jusqu'au mur de la couche. Il suffit alors de prendre leurs longueurs à partir de la ligne de repère X' Y' jusqu'à l'intersection du mur de la couche. On reporte ces mêmes longueurs sur le plan horizontal, le long des traces verticales auxquelles elles se rapportent, et en prenant pour origine la ligne X Y tracée sur le plan. On obtient ainsi une série de points dont leur jonction par un trait continu représentera une des courbes de niveau.

Nous prendrons, par exemple, sur la coupe E E', la longueur de la parallèle passant à l'altitude de 340^m, jusqu'à son intersection avec le mur de la couche. Nous la porterons sur le plan, et sur le passage de cette coupe, à partir de la ligne de repère X Y, et nous aurons ainsi le point K, passage de la courbe à l'altitude de 340 mètres.

Sur la coupe D D', on mesurera la longueur de la parallèle passant à l'altitude de 340 mètres, et on la reporte sur le plan, au passage de cette coupe. Nous obtiendrons un deuxième point K', où passera la courbe de niveau de 340^m d'altitude.

On continue de prendre sur les coupes C C', B B', A A' les longueurs des parallèles qui aboutissent au mur de la couche et qui passent aux altitudes de 340^m. On les porte sur les lignes de passage de ces différentes coupes, à partir de la ligne de repère X Y, ce qui donne de nouveaux points K'';

K''', K''''. Il suffit de les réunir entre eux par un trait continu pour avoir la courbe de niveau passant à 340 mètres au-dessus du niveau de la mer.

Pour tracer la courbe de niveau passant à 345 mètres d'altitude, on prend, comme précédemment, les longueurs des parallèles qui, sur chaque coupe, passent aux altitudes de 345^m. On les rapporte sur le plan aux passages des coupes correspondantes, et l'on obtient de la sorte les points V, V', V'', V''', V'''', qui, joints par un trait continu, donnent la courbe de niveau passant à 345^m au-dessus du niveau de la mer.

On opère exactement de la même manière pour tracer les courbes de niveau passant aux altitudes de 350, 355, 360 et 365^m.

Les courbes de niveau étant tracées sur un plan, on peut facilement en déduire les coupes verticales qui ont servi à les déterminer, et même en faire d'autres dans une direction quelconque du plan, sans avoir recours au registre.

En effet, les courbes de niveau portant l'indication de la hauteur à laquelle elles passent, par rapport au plan de comparaison, on n'a donc pas à chercher les altitudes des clous. Il suffit de prendre sur le plan horizontal, suivant le passage des coupes, les distances de chacune de ces courbes à la ligne de repère X Y. Ces distances sont rapportées sur les lignes de comparaisons R R', Z Z', S S', T T', U U', et à partir de la ligne de repère X' Y'. A leurs extrémités, on élève des perpendiculaires ayant des hauteurs proportionnelles aux altitudes de chaque courbe de niveau. On joint les sommets de ces perpendiculaires par un trait représentant le mur de la couche ; on mène ensuite, au-dessus de ce trait, des normales d'une longueur proportionnelle à l'épais-

seur de la couche, qui, jointes par un trait continu, donnent le toit de la couche.

Les coupes verticales ainsi obtenues seront les mêmes que
celles qui ont servi à construire les courbes de niveau.

On voit donc que, pour construire les courbes verticales
au moyen des courbes de niveau, il faut opérer en sens inverse du tracé de ces courbes, c'est-à-dire qu'au lieu de
prendre les longueurs des parallèles menées sur les coupes
jusqu'à la rencontre du mur, et de les porter sur le plan
pour déterminer le passage des courbes de niveau ; on prend
ces mêmes parallèles sur le plan pour les porter sur les coupes verticales et au niveau des altitudes correspondantes à
chacune d'elles.

PROBLÈMES DIVERS.

I.

Rapporter un plan de mine à la surface.

Soit à rapporter le plan de mine (Pl. II).

Pour cela, on peut employer deux méthodes. La première consiste à tendre le cordeau en prenant pour point de départ l'axe du puits n° 2. On aura alors un point se trouvant sur la même verticale que le clou n° 1, d'où l'on est parti pour lever le plan des travaux intérieurs.

L'autre extrémité du cordeau est tenue par un aide, qui le fait tourner à droite ou à gauche, jusqu'à ce que la boussole suspendue à ce cordeau reproduise le même angle observé dans la mine à la première station. On porte ensuite, suivant le cordeau, une longueur horizontale égale à la projection horizontale de la première station. Le point obtenu se trouvera évidemment sur la même verticale que le point intérieur n° 2.

On y plante un piquet, et l'on fait de ce point, avec le cordeau et la boussole, un angle de direction égal à celui de la deuxième station ; on porte ensuite, comme tout à l'heure, une longueur horizontale égale à la projection horizontale calculée de la deuxième station, et l'on obtient ainsi un troisième point, qui doit être nécessairement sur la même verticale que le clou intérieur n° 3.

On continue de la même manière, en opérant toujours dans le même ordre suivi pour lever le plan intérieur des travaux.

Dans la deuxième méthode, on se sert des sommes algébriques des longitudes et des latitudes ; l'emploi de la boussole est par conséquent supprimé.

On commence par jalonner une droite passant par l'axe du puits n° 2, dont la direction est le Nord vrai ou le Nord magnétique, selon que les coordonnées de chaque point sont rapportées au Nord vrai ou au Nord magnétique. Dans le cas du Nord vrai, il suffit de donner à la ligne jalonnée avec la même boussole qui a servi à faire le plan, une direction égale à la déclinaison de l'aiguille aimantée observée sur la méridienne tracée à la surface. Pour le cas où les coordonnées sont rapportées au nord magnétique, on donne à la droite jalonnée une direction de 360°. On jalonne ensuite une seconde droite se coupant à angle droit avec la première au centre du puits.

Pour rapporter les différents points, on élève des perpendiculaires sur ces deux lignes, à une distance de l'axe égale aux coordonnées de chaque point et dans les cadrans indiqués par les signes des longitudes et des latitudes. En un mot, on opère à la surface comme si l'on rapportait le plan sur le papier par la méthode des trois plans coordonnés.

L'emploi de ces deux méthodes ne serait pas possible si le terrain présentait des obstacles, tels que maisons, arbres, clos, etc. Aussi avons-nous exposé ces deux moyens simplement au point de vue théorique ; en pratiquant, on agit différemment.

Sur le plan même de la mine, on rapporte celui de la surface à la même échelle. On indique les limites de concessions, le passage d'un chemin de fer, les tunnels, s'il en existe, les routes et les chemins y aboutissant, les rivières, les ruisseaux, les maisons, les clos et les limites des propriétés.

En jetant un coup-d'œil sur le plan, on voit de suite à quel point de la surface correspond un point intérieur, et sous quelle propriété l'on se trouve pour les redevances à payer. On peut s'assurer à chaque instant que les travaux ne sortent pas des limites de la concession, et on peut quelquefois les diriger de manière à éviter, le plus possible, les dégâts de la surface. De cette façon, l'ingénieur a constamment sous les yeux la position des travaux intérieurs par rapport à la surface.

Il arrive souvent que tous ces détails surchargent par trop un plan de mine ; dans ce cas, on peut se dispenser de les rapporter, en ayant un calque du plan de la surface fait à la même échelle et ayant même orientation que le plan de mine.

Toutes les fois que l'on veut voir à quel point de la surface correspond un point intérieur, on superpose le calque sur le plan de mine, de manière que les puits et les lignes Nord-Sud coïncident. Il est alors très-facile de voir où l'on se trouve par rapport à la surface.

II.

Connaissant l'affleurement d'une couche, déterminer à quel point de la surface un puits creusé d'une longueur déterminée atteindra la couche.

Pour résoudre ce problème, il faut préalablement creuser, suivant l'inclinaison de la couche, une petite descente, afin de pouvoir déterminer exactement, avec le demi-cercle, l'angle d'inclinaison G A B de la couche (Fig. XVIII, Pl. IV). Ensuite on fera un nivellement, à partir de l'orifice A de la descente, dans une direction perpendiculaire à celle de la couche et dans le sens de l'inclinaison. Ces deux opérations étant faites, on a tout ce qu'il faut pour résoudre le problème.

Soit G A B = 50°, A G l'horizontale menée par le point A, et A C D le profil du terrain, suivant la plongée de la couche et perpendiculaire à sa direction. La profondeur à donner au puits, pour atteindre la couche A B, sera, par exemple, de 100^m. Il s'agit de déterminer le point de la surface où il doit être creusé, afin qu'à cette profondeur exacte il recoupe la couche.

La figure XVIII étant faite à l'échelle, nous calculerons à quelle distance du point A, sur l'horizontale A G, il faudra abaisser une perpendiculaire de 100 mètres de longueur et atteignant la couche.

Or, dans le triangle rectangle A G B, nous connaissons l'angle G A B, qui est égal à 50°, et le côté G B, qui doit avoir 100 mètres ; il nous sera donc facile d'obtenir la distance A G.

Nous savons, en effet, que dans tout triangle-rectangle un des côtés de l'angle droit est égal à l'autre côté multiplié par la tengente de l'angle opposé, ou la cotengente de l'angle adjacent. D'après cela, nous aurons donc :

A G = B G × Cot. G A B.

Log. A G   =   log. B G + log. Cot 50° — 10.

Log. 100   =   2,0000000

Log. Cot. 50° =   9,9238135

Log. A G   =   11,9238135 — 10 = 1,9238135.

Le nombre correspondant à ce log. $= 83^m,91$.

Donc, en abaissant du point G, distant de $83^m,91$ du point A, une perpendiculaire G B, elle rencontrera la couche A B à 100 mètres de profondeur.

Si maintenant, par le point G, nous menons la parallèle G C à la couche A B, jusqu'à la rencontre de la surface, le point C sera le point cherché.

En effet, G C étant parallèle à la couche A B, C F sera égal à G B comme parallèle comprise entre parallèles. Mais G B a 100 mètres, donc C F, qui lui est égal, aura aussi 100 mètres. Pour marquer le point C à la surface, on mesure horizontalement, à partir du point A, et suivant le profil A C D, une longueur égale à A E. Le point C obtenu sera le centre du puits C F, qui atteindra la couche à 100 mètres de profondeur, pourvu toutefois qu'elle s'enfonce toujours avec la même inclinaison.

III.

Connaissant l'affleurement d'une couche, à quelle position faut-il creuser un puits et quelle sera sa profondeur pour extraire, en amont du pendage, un massif d'une longueur L déterminée ?

Ce problème, comme on le voit, est l'inverse du précédent. Soit toujours (Fig. XVIII) le massif A F $=$ L, longueur donnée, que l'on se propose d'enlever par un puits C F. Il faut déterminer le point C de la surface où il doit être creusé, ainsi que la profondeur qu'il devra avoir pour atteindre la couche au point F.

Après avoir pris, comme précédemment, l'inclinaison de la couche avec le demi-cercle, on cherche à quelle distance du point A sur l'horizontale A G, on doit abaisser une perpendiculaire pour rencontrer la couche juste au point F, extrémité de la longueur donnée.

Or, le triangle-rectangle A E F, dans lequel nous connaissons l'angle E A F et l'hypothénuse A F = L, nous donne :

$$A E = A F \times Cos. E A F = L \times Cos. 50^{\circ}.$$

Cette longueur étant calculée, on mesure horizontalement, à partir du point A, dans une direction perpendiculaire à celle de la couche, une longueur égale à A E. Le point C obtenu sera le centre du puits cherché.

Maintenant, pour calculer la profondeur du puits C F, on fera un nivellement du point A au point C, afin d'avoir entre ces deux points la différence de niveau C E. En y ajoutant la longueur F E, nous aurons la profondeur totale C F du puits.

Il est facile d'avoir F E, car le triangle-rectangle A E F nous donne : $F E = A F \times Sin. E A F = L \times Sin. 50^{\circ}$, et, par suite, la profondeur du puits = C E + F E.

Ces deux problèmes sont résolus dans le cas où la couche se continue régulièrement et suivant l'inclinaison observée à son affleurement. Mais il en est rarement ainsi, car les couches sont fréquemment interrompues par des failles qui parfois les rejettent à de très-grandes profondeurs, en modifiant le plus souvent leur inclinaison. De sorte que, si ces accidents ne sont pas connus, il peut bien arriver que l'on ne rencontre pas la couche.

Lorsque le puits passe dans une faille importante Fig. XIX, Pl. IV, et qui ne laisse point subsister de trace de la couche, l'ingénieur expérimenté reconnaît de suite, en faisant la coupe géologique du puits, la position de cette faille ; il en

prend exactement la direction et son inclinaison ; il s'aper-
çoit bientôt qu'à partir du point A, le puits rentre dans les
roches du mur de la couche, au lieu de rester dans celles du
toit. Toutes ces considérations lui font voir que le puits ne
doit plus rencontrer la couche. Alors il attaquera, à une
certaine distance au-dessous du point A, une galerie B C se
dirigeant à travers bancs sur la couche.

Pour atteindre la couche D E, située dans la partie supérieure à la faille, il suffit de faire une galerie à travers bancs
dans le toit de la couche au-dessus du point A.

IV.

Etant donné un point intérieur, trouver le point correspondant à la surface, et déterminer la distance verticale séparant ces deux points.

Supposons qu'il s'agisse de déterminer à la surface la position du clou intérieur, n° 19 (PL. II), et la distance verticale
qui les sépare. Nous allons résoudre le problème graphi-
quement, puis numériquement.

MÉTHODE GRAPHIQUE

On commence par prendre sur le plan, avec le rapporteur, la direction de l'axe du puits n° 2 au point n° 19. On
trouve que cette direction fait un angle de 249° avec le Nord
vrai. Ensuite on en retranche la déclinaison de l'aiguille
aimantée, la différence donne l'angle que l'on doit faire au
jour avec la même boussole qui a servi à lever le plan. A

partir de l'axe du puits et sur la direction obtenue, on porte horizontalement une longueur égale à celle trouvée sur le plan entre les clous 1 et 19.

Cette longueur est de $0^m,05825$. Or, comme nous savons que le plan est fait à l'échelle $\dfrac{1}{1,000}$ c'est-à-dire que 1 mètre sur le papier représente 1,000 mètres sur le terrain, il suffit, pour avoir la longueur horizontale entre ces deux points, de poser la proportion suivante :

$$1 : 1,000 :: 0,05825 : x$$

d'où $x = 0,05825 \times 1,000 = 58^m,25$.

Supposons que la déclinaison de l'aiguille observée sur la méridienne tracée à la surface, le jour que l'on doit rapporter le point, soit de $17°$, l'angle qu'il faudra faire à partir de l'axe du puits n° 2 sera donc de $249° - 17° = 232°$. On porte alors sur cette direction, une longueur horizontale de $58^m,25$. Le point $19'$ obtenu sera sur la même verticale que le point 19 intérieur.

Si le point à rapporter était à une grande distance du puits, il faudrait déterminer sa position à la surface par rapport à l'angle d'une maison ou de tout autre point qui s'en rapprocherait le plus. On évite ainsi de donner une direction le plus souvent impossible à réaliser, par suite des obstacles qui peuvent se trouver sur le terrain.

On pourrait également rapporter ce point en faisant avec la boussole, à partir de l'axe du puits n° 2, une direction égale à celle de ce puits au point 19. On ferait également, à partir de l'axe du puits n° 1, une direction égale à celle de ce puits au point 19. L'intersection de ces deux directions donnerait le point $19'$. On éviterait ainsi de porter les longueurs horizontales des deux puits au point $19'$. Il faudrait évidemment, dans ce cas, que le point 19' puisse être vu des deux puits.

Il nous reste à démontrer comment on obtient la distance verticale séparant les deux points 19 et 19'. Pour cela, on fait un nivellement de l'orifice du puits n° 2 au point 19', de manière à avoir sa différence de niveau par rapport à l'orifice du puits. On le rapporte sur sa projection verticale, puis on prend à l'échelle la distance verticale entre le clou intérieur n° 19 et le point de la surface 19'. On trouve sur la projection verticale que l'épaisseur de terrain séparant les deux points est de 69^m,30.

MÉTHODE NUMÉRIQUE.

La méthode que nous venons d'employer pour déterminer le point de la surface correspondant à un point intérieur est essentiellement graphique. En nous servant des coordonnées des points, nous arriverons à des résultats d'une exactitude mathématique.

Nous trouverons dans la longitude et la latitude du point 19 tous les éléments nécessaires pour déduire la direction de ce point à l'axe du point n° 2.

En effet, nous voyons dans le tableau (PL. 1) que la longitude extrême du point 19 est de $+$ 54,77, et sa latitude de $-$ 20,95. Ces deux signes nous montrent immédiatement que le point 19 est rapporté dans le deuxième cadran, et que sa véritable direction avec le Nord vrai est celle marquée par une flèche dans la Fig. XX, PL. IV.

Remarquons que la longitude et la latitude du point 19 forment un triangle-rectangle d'où il est très-facile de déduire l'angle B A C. En ajoutant 180° à cet angle, nous obtiendrons l'angle cherché.

Or, dans le triangle-rectangle A B C, nous avons B C = A B

$\times$ teng. B A C, d'où l'on tire teng. B A C $= \dfrac{B C}{A B} = \dfrac{54,77}{20,95}$

Log. teng. B A C $=$ log. 54,77 — log. 20,95 $+$ 10.

Log. 54,77 $=$ 1,7385427
Log. 20,95 $=$ 1,3211840

Log. teng. B A C $=$ 0,4173587 $+$ 10 $=$ 10,4173587 tengente correspondante à ce log. $=$ 69° 4'. En y ajoutant 180°, nous aurons 249° 4' pour la direction de l'axe du puits n° 2 au clou 19. Faible différence avec l'angle mesuré sur le plan.

La distance horizontale entre le clou n° 1 et le clou n° 19 nous sera encore fournie par la longitude et la latitude du point 19. Cette distance est égale à l'hypothénuse A C du triangle-rectangle A B C, dont les deux autres côtés sont la longitude et la latitude du clou 19. Ce qui nous donne :

longueur A C $= \sqrt{\overline{A B}^2 + \overline{B C}^2} = \sqrt{\overline{54,77}^2 + \overline{20,95}^2}$
$= 58^m,64$. Différence de $0^m,39$ avec la longueur approximative prise sur le plan.

Ayant calculé la distance horizontale entre l'axe du puits au point 19, et l'angle de direction, on en retranche la déclinaison et on opère comme dans la méthode graphique pour rapporter le point correspondant à la surface.

Pour obtenir l'épaisseur verticale de terrain séparant le point 19 intérieur du point 19' extérieur, on fait un nivellement dè l'orifice du puits n° 2 au point n° 19'. Supposons qu'il existe $7^m,50$ de différence de niveau, c'est-à-dire que le point 19' se trouve $7^m,50$ plus bas que l'orifice du puits. Or, cet orifice a pour altitude 420 mètres au-dessus du niveau de la mer. Il s'ensuit que celle du point 19' sera de $420 — 7,50 = 412^m,50$.

La différence des altitudes entre le point 19 et le point 19′ de la surface exprimera la distance verticale séparant ces deux points. Il ne reste plus qu'à voir dans le tableau (Pl. 1) quelle est l'altitude du point 19. On trouve qu'elle est de $343^m,38$. Nous aurons donc $412^m,50 - 343^m,38 = 69^m,12$.

V.

Déterminer l'axe d'un percement à faire entre les points 4 et 18.

Supposons que, pour exploiter la couche rejetée en contrebas par la faille indiquée sur le plan, on ait à faire un percement du point 18 au point 4. Dans ce cas, pour indiquer aux ouvriers la marche à suivre, on doit connaître à l'avance la longueur de la galerie à exécuter, sa direction, enfin la pente par mètre ou son inclinaison.

Nous allons résoudre le problème par la méthode graphique, puis par la méthode numérique, au moyen des coordonnées des points 4 et 18.

MÉTHODE GRAPHIQUE.

Pour déduire du plan la longueur horizontale de la galerie, il suffit de prendre à l'échelle la distance entre les clous n° 4 et 18. On trouve que cette longueur est de $31^m,00$. On prend après cela, sur la projection verticale, la différence de niveau entre le sol des deux galeries et au-dessous des deux clous. On trouve qu'elle est de $0^m,29$. C'est-à-dire que le sol de la galerie au-dessous du point 4 est $0^m,29$ plus haut que celui du point 18.

La pente par mètre sera de $\dfrac{0,29}{31} = 0^{m},0093$.

Nous remarquerons que la véritable longueur de la galerie n'est pas 31 mètres, qui représentent sa projection horizontale; elle est égale à l'hypothénuse d'un triangle-rectangle dont l'un des côtés serait de 31 mètres, et l'autre de $0^{m},29$, différence de niveau entre le sol des galeries au-dessous des deux clous 18 et 4.

Il suffira de construire à une grande échelle le triangle-rectangle ayant les dimensions indiquées ci-dessus, et de prendre la longueur de l'hypoténuse qui, vu la faible différence de niveau, sera à peu près égale à sa projection horizontale. On déduira également de ce triangle, au moyen d'un rapporteur, l'angle de pente.

On prendra ensuite sur le plan, avec un rapporteur, la direction de l'axe de la galerie à exécuter entre les deux points d'attaque. On trouve que cette direction est de 214° avec le Nord vrai, en allant du point 4 au 18, et de 34°, en allant du clou 18 au 4.

La différence entre les deux directions, qui est de 180°, est constante lorsque, sur une même direction, on place le nord du limbe de la boussole dans un sens ou dans l'autre.

La galerie peut être attaquée par les deux extrémités, en descendant du point 4 au 18 de $0^{m},0093$ par mètre, et en montant du point 18 au 4 de la même quantité. Il ne reste plus qu'à donner avec la boussole les directions ci-dessus, diminuées de la déclinaison de l'aiguille aimantée observée sur la méridienne le jour même que l'on mettra les directions dans la mine. En supposant cette déclinaison de 17°, il faudra attacher le cordeau au point 4 et faire une direction de 214° — 17° = 197°. On placera à l'aplomb de cette direction, et aussi loin l'un de l'autre que possible, deux clous munis de fils à plomb.

Le mineur doit creuser le milieu de la galerie constamment suivant cette direction.

Au point 18, on mettra également deux fils à plomb ayant pour direction $34^\circ - 17^\circ = 17^\circ$. Le mineur les maintiendra rigoureusement au milieu de la galerie. sans quoi il s'exposerait à ne pas se rencontrer avec celui qui vient à sa rencontre.

Afin que les ouvriers suivent rigoureusement l'inclinaison de la galerie, on leur donne une règle de pente. Elle a ordinairement 2 mètres de longueur et porte un niveau de maçon. Un fil à plomb donne l'horizontalité. Cette règle (Fig. XXI) est munie à l'une de ses extrémités d'un petit talon a, dont la hauteur est égale à la longueur de la règle multipliée par la pente par mètre.

Dans le cas présent, la hauteur du talon a sera égale à $0^m,0093 \times 2 = 0,0186$. Le mineur place le côté du talon en arrière du front de taille de la galerie, en allant du point 18 au point 4. Dans le sens contraire, c'est-à-dire si la galerie descend, on met le talon a du côté du front de taille. Dans ces différentes positions, la règle doit toujours être de niveau, ce dont on s'assure en faisant battre le fil à plomb dans la rainure tracée sur la règle.

MÉTHODE NUMÉRIQUE.

Calcul de la longueur de la galerie.

Nous avons vu, dans la théorie des trois plans coordonnés, que la position du cordeau entre deux points était la diagonale d'un parallélipipède-rectangle, ayant pour dimensions les coordonnées de l'un de ces points, par rapport à l'autre pris pour origine.

Supposons que nous choisissions le point 18 comme point de départ. Pour avoir la longitude, la latitude et l'altitude du point 4 par rapport au point 18, il suffit de retrancher les coordonnées du point 18 de celles du point 4.

		Longitude.	Latitude.	Altitude.
Coordonnées	4 =	— 72,04	+ 2,03	+ 343,55
des points	18 =	— 54,44	— 23,67	+ 343,35
Coord. du p. 4 rapportées au clou 18	=	— 17,60	+ 25,70	+ 0,20

En géométrie, on démontre que la diagonale d'un parallélipipède est égale à la racine carrée de ses trois dimensions élevées au carré. La longueur de la galerie entre les points 4 et 18 sera donc égale à $\sqrt{\overline{17,60}^2 + \overline{25,70}^2 + \overline{0,20}^2} = 31^m,15$.

Calcul de la direction de l'axe de la galerie.

Pour calculer la direction de l'axe de la galerie à exécuter entre les clous n° 18 et 4, nous nous servirons de la longitude et de la latitude du point 4 rapportées au point 18 comme origine. Cette longitude étant de — $17^m,60$ et la latitude de + 25,70, leurs signes nous démontrent immédiatement que le point 4 est rapporté dans le quatrième cadran (Fig. XXII, Pl. IV), et que la direction du point 18 au point 4 appartient à un angle du premier cadran de la boussole, c'est-à-dire compris entre 0° et 90°.

Pour bien saisir ce raisonnement, il faut se rappeler ce que nous avons déjà dit dans la théorie des trois plans coordonnés, qu'un angle lu dans la mine avec une boussole graduée de gauche à droite se rapportait sur le plan de droite à gauche. Ainsi un angle du premier cadran de la boussole sera rapporté dans le quatrième.

En général, un point D rapporté dans le premier cadran, la station A D qu'il forme avec le point A pris pour origine aura pour véritable direction avec le Nord vrai l'angle indiqué par la flèche *s s s s*. Il faudra, pour obtenir cette direction, retrancher l'angle C A D déduit par les calculs de la longitude et de la latitude du point D, de 360°; le reste sera l'angle cherché. En effet, on se rappelle que, pour faire les calculs des longitudes et des latitudes, on ne se sert que des angles ramenés au premier cadran, c'est-à-dire inférieurs à 90°. Or, pour ramener cet angle à sa première valeur, il est évident qu'il faut lui ajouter ce qu'on lui a primitivement retranché.

La station que forme avec le point de départ un point F rapporté dans le deuxième cadran aura pour direction avec le Nord vrai l'angle indiqué par la flèche *n n n*; il suffira d'ajouter 180° à l'angle K A F obtenu par le calcul.

Le point E rapporté dans le troisième cadran aura pour direction l'angle indiqué par la flèche *r r*. Pour avoir le véritable angle de la station A E avec le Nord vrai, il faut retrancher l'angle calculé E A K de 180°.

Enfin un point B rapporté dans le quatrième cadran aura pour direction avec le Nord vrai l'angle calculé B A C, auquel on ne fait subir aucune transformation.

En résumé, toutes les fois qu'un point aura sa longitude et sa latitude positives, il faudra déduire l'angle obtenu par le calcul de sa longitude et de sa latitude de 360°; le reste sera l'angle cherché.

Si la longitude est positive et la latitude négative, pour obtenir le véritable angle, il faudra ajouter 180° à l'angle obtenu par le calcul.

Quand la longitude et la latitude sont toutes deux négatives, il faut retrancher l'angle donné par le calcul de 180°.

Enfin, si la longitude était négative et la latitude positive, l'angle obtenu serait l'angle réel.

Dans le cas qui nous occupe, le point 4 est rapporté dans le quatrième cadran, sa longitude est négative et sa latitude positive. Donc l'angle que nous allons déduire des calculs de sa longitude B C = — 17,60, et de sa latitude A C = + 25,70, nous donnera l'angle réel B A C.

La longitude du point 4 et sa latitude forment un triangle-rectangle A C B, dans lequel nous connaissons les deux côtés de l'angle droit, d'où il est facile de déduire l'angle de direction B A C. Nous avons : A C = B C $\times$ Cotg. B A C, d'où l'on tire : Cotg. B A C $= \dfrac{A\ C}{B\ C} = \dfrac{25,70}{17,60}$ Log. Cotg. B A C = log. 25,70 — log. 17,60 + 10.

Log. 25,70   = 1,4099331
Log. 17,60   = 1,2455127

Log. Cotg. B A C = 0,1644204 + 10 = 10,1644204.

L'angle correspondant à ce log. est de 34°,24'.

Ainsi la véritable direction du point 18 au point 4 sera de 34°,24', au lieu de 34°, résultat trouvé par la méthode graphique. Il ne reste plus qu'à donner, avec la même boussole qui a déjà servi à faire le plan, et à partir du point 18, une direction égale à 34°,24', diminuée de la déclinaison de l'aiguille aimantée observée le jour même sur la méridienne tracée à la surface.

La direction à donner du point 4 au 18 sera de 34°,24' + 180° = 214°,24', diminuée de la déclinaison de l'aiguille aimantée.

Calcul de l'inclinaison de la galerie.

Pour calculer l'angle d'inclinaison de la galerie, nous nous servirons de la différence des altitudes du sol au-dessous des deux points de départ. Or, la différence de niveau entre ces deux clous étant de $0^m,20$, et, de plus, leur hauteur au-dessus du sol étant de $1^m,50$, il s'ensuit que la différence de niveau entre les deux points d'attaque 4 et 18 est égale à la différence de leurs altitudes $0^m,20$.

Nous connaissons la longueur de la galerie, que nous venons de calculer; elle est de $31^m,15$. Il nous est bien facile d'avoir son angle d'inclinaison.

En effet, la longueur de la galerie représente l'hypoténuse A B d'un triangle-rectangle (FIG. XXIII, PL. IV), et la différence de niveau B C ou $0^m,20$, l'un des côtés de l'angle droit. Nous aurons donc :

$$B\,C = A\,B \times Sin.\ B\,A\,C, \quad \text{d'où l'on tire : } Sin.\ B\,A\,C = \frac{B\,C}{A\,B} = \frac{0,20}{31,15}$$

Log. Sin. B A C = log. 0,20 + Comp. log. 31,15.

Log. 0,20 = 1,3010300
Complément log. $31^m,15$ = 8,5065419

Log. Sin. B A C = 7,8075719

Angle correspondant à ce log.   22'.

L'inclinaison montante du point 18 au point 4 sera donc de 22'.

Calcul de la pente par mètre.

Supposons que K R (Fig. XXIII), soit égal à 1 mètre, et parallèle à A C, projection horizontale de la galerie A B. L'angle A R K sera égal à l'angle B A C comme alterne interne, et le côté A K du triangle-rectangle A K R sera égal à la pente par mètre. Or, K R = 1^m, l'angle K R A = 22′. Nous aurons donc :

$$K A = K R. \times \text{Teng. } K R A = 1 \times \text{Teng. } 22'.$$

$$\text{Log. } K A = \log 1 + \log \text{Teng. } 22' - 10.$$

Log. 1   = 0,0000000
Log. Teng. 22′ = 7,8061458

Log. K A   = 7,8061458 — 10 = ‾3,8061458

Nombre correspondant à ce log. = 0,0064.

La pente par mètre sera donc de 0^m,0064. Il ne reste plus qu'à faire une règle de pente, suivant le procédé indiqué dans la méthode graphique de ce problème. On aura alors tous les éléments nécessaires pour faire effectuer le percement.

VI.

Réunir un point intérieur au puits par une galerie d'une pente déterminée.

Supposons que, pour continuer l'exploitation de la couche dans son aval pandage, et faciliter l'épuisement des eaux, on ait à faire une galerie partant du niveau du sol, au-dessous du clou n° 43, et allant en ligne droite, avec une pente descendante de 0^m,005 par mètre, percer dans le puits n° 1.

Il faut déduire du plan et des coordonnées la longueur de la galerie à exécuter, sa direction, enfin la quantité dont il faut approfondir le puits pour permettre d'attaquer la galerie par les deux extrémités à la fois. Nous commencerons par résoudre ces diverses questions par la méthode graphique, puis ensuite par la méthode numérique. On doit préalablement vérifier par plusieurs opérations si l'axe du puits n° 1 est bien rapporté par rapport aux travaux intérieurs. On pourra, après cela, déduire du plan et des coordonnées tous les éléments nécessaires pour résoudre le percement.

MÉTHODE GRAPHIQUE.

Déduire du plan la longueur de la galerie.

Pour déduire du plan la longueur de la galerie, on commence par prendre à l'échelle la distance entre le clou n° 42, qui est à l'axe du puits n° 1, et le clou 43. On trouve 87^m, représentant la projection horizontale de la galerie à exécuter. Sa longueur sera égale à l'hypoténuse d'un triangle-rectangle construit à une grande échelle, dont l'un des côtés aura pour longueur 87^m, et l'autre côté sera égal à la différence de niveau entre les deux points d'attaque. Or, cette différence de niveau est égale à la pente par mètre, multipliée par la projection horizontale de la galerie $= 87^m \times 0,005 = 0^m,435$.

On trouvera une faible différence entre la véritable longueur de la galerie et sa projection horizontale, par suite du peu de différence de niveau entre les deux points d'attaque.

Déduire du plan la direction de la galerie.

Pour déduire du plan la direction de l'axe de la galerie à exécuter, on réunit le point 42 au 43 par un trait, dont on en prend la direction, c'est-à-dire l'angle qu'il forme avec la ligne Nord vrai.

On trouve que cette direction est de 176° 1/2 du point 42 au 43, ou de 356° 1/2 en allant en sens contraire. Il faudra retrancher de ces deux angles la déclinaison de l'aiguille aimantée observée le jour même que l'on mettra la direction d'attaque sur la méridienne tracée à la surface.

Supposons que la déclinaison trouvée soit de 17°; la direction à donner au point 43 sera 356° 1/2 — 17° = 339° 1/2, et celle à donner dans le puits n° 1 sera de 176° 1/2 — 17 = 159° 1/2.

Pour donner la direction d'attaque dans la mine, il faut avoir soin d'enlever les rails et les outils de mineurs. En un mot, tous les objets en fer doivent être transportés à 10 mètres environ du point où l'on suspendra la boussole. Alors on attache le cordeau au point 43 et on le fait tenir à l'autre extrémité par un aide qui le tire à droite ou à gauche, jusqu'à ce que la pointe bleue de l'aiguille donne l'angle de 339° 1/2; et à l'aplomb du cordeau, on place, dans le toit de la galerie, deux fils à plomb, aussi éloignés l'un de l'autre que possible; ils indiquent aux mineurs l'axe de la galerie à exécuter.

Pour s'assurer qu'ils sont bien toujours suivant l'axe de la galerie, l'un des mineurs tient sa lampe au front de taille, et il la tire à droite ou à gauche, jusqu'à ce que le deuxième mineur placé vers les fils à plomb ait reconnu que la lampe et les deux fils à plomb sont bien en ligne droite. Pour que le front de taille soit convenable, la lampe doit alors se trouver bien au milieu.

Profondeur du point d'attaque dans le puits.

Pour avoir la profondeur à laquelle il faut attaquer la galerie dans le puits n° 1, au-dessous du sol de la recette aboutissant à ce puits, il suffit de prendre à l'échelle, sur la projection verticale des travaux, la différence de niveau entre le sol de la recette au-dessous du point 42 et le sol de la galerie au-dessous du point 43.

On trouve pour différence $22^m,50$; en y ajoutant la pente totale de la galerie, ou différence de niveau entre les deux points d'attaque, nous aurons la profondeur exacte du point d'attaque dans le puits.

Or, la pente totale de la galerie $= 87^m \times 0,005 = 0,435$; en l'ajoutant à $22^m,50$, nous avons $22^m,935$ pour la profondeur cherchée.

MÉTHODE NUMÉRIQUE.

Calculer la longueur de la galerie.

Nous avons vu dans le problème précédent que, pour avoir la longueur de le galerie ainsi que les autres données, il fallait préalablement rapporter les coordonnées de l'un des points d'attaque par rapport à l'autre point pris pour origine. Nous savons que, pour cela, il suffit de retrancher les coordonnées de l'un des points de départ de l'autre point. Ainsi, pour le percement qui nous occupe, nous retrancherons les

coordonnées du point 43 de celles du point 42. Leurs différences nous donneront la longitude, la latitude et l'altitude
du point 42 par rapport au point 43 pris pour origine.

	Longitudes.	Latitudes.	Altitudes.
Coordonnées $\{$ 42 $==$	$+\ 135,80$	$+\ 65,34$	$+\ 366,83$
des points $\{$ 43 $=$	$+\ 130,61$	$-\ 21,25$	$+\ 344,07$

Coord. du p. 42 rap-
  portées au point 43
  pris pour origine $== +$ 5,19 $+$ 86,59 $+$ 22,76

La projection horizontale de la galerie nous sera donnée
par l'hypothénuse d'un triangle-rectangle dont les deux
autres côtés seront égaux l'un à la longitude du point 42,
rapportée au point 43 comme origine, l'autre à sa latitude $=$

$$\sqrt{\overline{5,19}^2 + \overline{86,59}^2} == 86,74.$$

La différence de niveau entre les deux points d'attaque
sera égale a $86^m,74 \times 0,005 = 0,43$, et, par suite, la véritable longueur de la galerie égalera : $\sqrt{\overline{86,74}^2 + \overline{0,43}^2}$
$= 86^m,74$. Longueur égale à sa projection horizontale, à
cause de la faible différence de niveau entre les deux points
d'attaque.

Profondeur du point d'attaque dans le puits.

L'altitude du point d'attaque dans le puits sera égale à
celle du point 43 moins la hauteur du clou au-dessus du sol
de la galerie, qui est de $1^m,60$, moins la pente descendante
du clou 43 au puits $= 344,07 - (1,60 + 0,43) = 342,04$.

La profondeur à mesurer au-dessous du sol de la recette du
puits, vers le point 42, sera égale à l'altitude du sol de cette
recette, diminnée de l'altitude du point d'attaque.

Or, l'altitude du sol de la recette est égale à l'altitude du point 42, moins la hauteur de ce clou, qui est de $1^m,60$ = 366,83 — 1,60 = 365,23.

Donc profondeur d'attaque au-dessous de la recette du puits n° 1 = 365,23 — 342,04 = $23^m,19$.

Différence de $0^m,26$ dans la profondeur d'attaque obtenue par les deux méthodes. On comprend que la dernière méthode seule est capable de donner des résultats exacts.

Calcul de la direction de l'axe de la galerie.

Nous avons vu précédemment que la direction d'une station était l'hypothénuse d'un triangle-rectangle dont les deux autres côtés étaient égaux à la longitude et à la latitude de l'un des points rapporté à l'autre pris comme origine. Dans le cas actuel, la direction du point 43 au point 42 se trouve rapportée dans le premier cadran, puisque la longitude et la latitude sont positives.

La direction de la ligne B C (Fɪɢ. XXIV) avec le Nord vrai sera égale à l'angle indiqué par la flèche $a\,a\,a\,a$, en vertu des principes énoncés dans le problème précédent. Pour avoir sa valeur, il suffira de retrancher l'angle B C A de 360°. Le reste sera l'angle de la direction cherchée.

Or, la Cotg. de l'angle B C A = $\dfrac{86,59}{5,19}$

Log. Cotg. B C A = log. 86,59 — log. 5,19 $+$ 10.

Log. 86,59 $\quad$ = 1,9374677
Log. 5,19 $\quad\quad$ = 0,7151673

Log. Cotg. B C A = 1,2223004 $+$ 10 = 11,2223004.

Angle correspondant à ce log. = 3°,26'.

La véritable direction du point n° 43 au 42 avec le Nord vrai sera donc de 360° — 3°,26′ = 356°,34′, et celle du point 42 au 43 sera de 356°,34′ — 180° = 176°,34′.

Il ne reste plus qu'à retrancher de ces deux directions la déclinaison de l'aiguille aimantée, observée le jour même que l'on mettra le plomb dans la mine sur la méridienne tracée à la surface. La différence sera l'angle qu'il faudra faire dans la mine avec la même boussole qui aura servi à en faire le plan.

Ainsi la direction qu'il faudra donner au point 43 sera, en supposant la déclinaison trouvée, de 17° = à 356°,34′ — 17° = 339°,34′.

La direction à donner dans le puits sera de 176°,34′ — 17° = 159°,34′.

Légère différence entre les résultats fournis par les deux méthodes.

VII.

Raccorder la recette d'accrochage d'un puits avec les travaux intérieurs par une galerie courbe.

Soit le puits C (Fig. XXV, Pl. IV), dans lequel on est obligé, par suite de guidage ou de toute autre cause, de donner pour direction à la recette l'axe C D. La galerie B G et la recette C sont au même niveau ; il s'agit de les raccorder par la galerie courbe C D E F G.

Pour effectuer ce percement, il faut commencer par faire un plan à une grande échelle de la galerie exécutée jusqu'en G, et on y rapporte exactement le puits C.

Après avoir vérifié par plusieurs opérations que le plan rapporté au nord vrai est exact, on indique, en pointillé sur le plan, les parois de la galerie courbe de raccordement. On marque ensuite, suivant l'axe de la galerie courbe, des points D E F G suffisamment rapprochés pour que le polygone qu'ils forment entre eux se rapproche sensiblement des courbes formées par les parois de la galerie.

On prend alors, avec un rapporteur, sur le plan, la direction de l'axe C D avec le Nord vrai. On trouve que cette direction lui est parallèle, c'est-à-dire égale à 360°. On en retranche la déclinaison de l'aiguille aimantée, observée le jour même que l'on donnera les directions d'attaque, soit 17° la déclinaison observée. Au moyen de la différence, c'est-à-dire 360° — 17° = 343°, on place des fils à plomb à partir du point C, axe du puits, et on attaque la galerie C D.

Arrivé en D, on met d'autres plombs donnant, à partir de ce point, une direction D E = 316° — 17° = 299°. Une fois au point E, on place d'autres fils à plomb ayant pour direction E F = 283° 1/2 — 17° = 266° 1/2.

On continue la galerie jusqu'au point F, et deux autres fils à plomb donnent la direction F G = 247° 1/4 — 17° = 230° 1/4.

En suivant cette dernière direction, si l'on n'a pas commis d'erreurs, on atteindra très-exactement le point G.

L'erreur peut être faite, soit en levant le plan, soit en le rapportant, ou même en plaçant les axes de la galerie courbe.

On pourrait également continuer le percement par le côté G ; dans ce cas, à partir du point G, on ferait une direction égale à 67° 1/4 — 17° = 50° 1/4, et l'on poursuit jusqu'en F. A partir de ce point, on place deux plombs ayant pour direction F E = 103° 1/2 — 17° = 86 1/2, etc.

Si la roche avait partout la même dureté, et si, des deux côtés, le nombre des mineurs était le même, ils se rencontreraient probablement au milieu de la longueur de la galerie à exécuter.

VIII.

Foncer un puits en sous-stock.

Une opération délicate est la continuation d'un puits vertical, au-dessous d'un massif suffisant pour soutenir le puisard et empêcher l'infiltration des eaux dans le puits inférieur.

Soit le puits E F (Fig, XXVI, Pl. IV), ayant servi à l'exploitation de la partie supérieure A B de la couche. Il s'agit d'approfondir ce puits d'une certaine longueur F G , afin d'atteindre la couche P D), située en aval pendage de la galerie C de roulage par un travers-bancs H P. Cet approfondissement doit se faire simultanément, pendant l'extraction, et l'épuisement sans avoir recours au puits E F.

Pour résoudre ce problème, on commence par creuser une galerie horizontale C K, ayant, selon les circonstances, de 8 à 12 mètres de longueur. A l'extrémité de cette galerie, on fonce un puits K L, dont la profondeur dépend de la longueur du puisard C F. Au fond de ce puits, on creuse une galerie horizontale M L à l'aplomb de la galerie supérieure C K, et d'une longueur suffisante pour arriver à l'aplomb du puits supérieur E F. On place ensuite un plomb a, qui doit être sur la même verticale que l'axe du puits supérieur, et l'on creuse le puits M G ayant pour axe le plomb a.

Pour obtenir le plomb a rigoureusement à l'aplomb de l'axe du puits supérieur E F, on place trois fils à plomb $b\,b'\,b''$ dans la direction voulue. L'un b' est au centre du puits, et l'ensemble des trois fils à plomb donne la direction de la galerie C K ; on peut donc attaquer cette dernière.

Supposons qu'elle ait une longueur de 8 mètres, et qu'à son extrémité K on fonce un puits de 20 mètres. Le puits ayant la profondeur voulue, on y place deux fils à plomb $c\,c'$, ayant même direction et se trouvant dans le même plan vertical que l'axe de la galerie C K. On trace ensuite la galerie M L, ayant pour axe la direction déterminée par les deux fils à plomb $c\,c'$. De cette façon, il est évident que l'axe de la galerie M L sera rigoureusement à l'aplomb de celui de l'axe C K ; il aura, par conséquent, la direction déterminée par les trois fils à plomb $b\,b'\,b''$. On porte ensuite, avec un ruban d'acier, sur l'axe de la galerie M L, et à partir du plomb c, une longueur horizontale $c\,a$ égale à la distance horizontale des deux plombs $b'\,c$. Le point a obtenu sera évidemment sur la même verticale que le plomb b' placé au centre du puits supérieur F E.

On pourrait également prendre avec une boussole la direction de l'axe de la galerie supérieure C K, et au fond du puits K L, à l'aplomb de ce même axe, donner la même direction.

Il suffirait de porter sur cet axe la distance horizontale $b'\,c$, à partir du plomb c, l'extrémité donnerait, comme précédemment, l'axe a du puits à creuser.

La première méthode est préférable, attendu qu'elle évite l'emploi de tout instrument.

IX.

Attaquer une galerie par plusieurs puits foncés sur sa direction.

Supposons une couche KK (Fig. XXVII, Pl. IV), exploitée par un puits F D, et que la configuration de la surface permette d'établir une galerie d'écoulement A B C D E débouchant en A dans un ruisseau R. Cette galerie se continue en ligne droite jusqu'en E, où elle vient couper la couche, afin d'enlever toutes les eaux des travaux situés à son niveau.

Pour que l'exécution en soit plus prompte, on l'attaque par quatre points à la fois ; par le puits d'extraction F D et par deux autres puits G C et H B foncés sur sa direction, enfin par le point A, orifice de la galerie d'écoulement.

Pour exécuter un pareil percement, on jalonne une ligne droite A H G F, ayant pour direction l'axe que l'on veut donner à la galerie ; puis l'on établit, par un nivellement, le profil du terrain suivant la ligne jalonnée. Ce profil fait de suite connaître la différence de niveau entre les points A H G F, et, par suite, la profondeur d'attaque dans chaque puits.

En supposant la distance horizontale de la galerie du point A au point D, ou $F F' = 200^m$, et la pente de la galerie par mètre, de $0^m,005$; la profondeur du point d'attaque en D, c'est-à-dire la longueur D F, sera égale à A F', différence de niveau du point A au point F, diminuée de la pente montante de la galerie, ou $D F = A F' - 200 \times 0,005 = A F' - 1^m,00.$

La profondeur du point d'attaque au puits G C sera égale à la différence de niveau du point A au point G, ou à A G', diminué de la distance G G' multipliée par la pente par mètre ; donc G C $=$ A G' $-$ 130 $\times$ 0,005 $=$ A G' $-$ 0,65.

Enfin la profondeur d'attaque du puits H B sera égale à A H' $-$ 60 $\times$ 0,005 $=$ A H' $-$ 0^m,30.

Le point d'attaque de l'entrée de la galerie partira au niveau du point A.

Pour avoir la direction à suivre au fond de chaque puits, il suffit de prendre avec une boussole la direction de la ligne jalonnée, et de donner cette même direction en chaque point d'attaque. Ou bien encore on peut descendre dans chaque puits deux fils à plomb ayant pour direction commune celle qui passe par l'axe des puits d'attaque.

Pour que les mineurs suivent exactement la pente de la galerie, on leur donne une règle de pente établie suivant les mêmes principes que celle décrite dans le cinquième problème.

Cette galerie d'écoulement pourra être exécutée rapidement, attendu que les puits H B et G C donnent chacun deux points d'attaque, on peut se diriger de B en A et de B en C ; de même, au point C, on peut se diriger de C en B et de C en D.

X.

Creuser un puits par plusieurs points d'attaque pris suivant son axe vertical.

Lorsqu'un puits foncé dans une concession vierge a rencontré une ou plusieurs couches importantes, il est indispensable, pour les exploiter dans de bonnes conditions, d'àvoir deux puits, afin de faciliter l'aérage des travaux au fur et à mesure de leur développement.

Dans beaucoup de cas, il est avantageux de creuser les deux puits à côté l'un de l'autre, surtout si l'on a à exploiter une couche à grisou. On comprend que, si les deux puits étaient distants de 500 à 600 mètres, leur communication intérieure offrirait beaucoup de difficultés pour s'effectuer. Si, au contraire, ils ne sont éloignés que de 20 à 30 mètres, on peut immédiatement les mettre en communication et faire le traçage des travaux avec la plus grande facilité.

Dans ce cas, la richesse houillère ayant été reconnue par le puits n° 1 (Fig. XXVIII, Pl. IV), on ne doit pas hésiter à en creuser un second. Afin d'activer ce creusement, on peut l'attaquer par plusieurs points à la fois, au moyen de galeries prises dans le puits n° 1. Ces galeries sont attaquées à une certaine distance verticale les unes au-dessous des autres; on leur donne même direction et même longueur; enfin, à leurs extrémités, on fonce des puits qui doivent tous se trouver suivant le même axe vertical que celui du puits n° 2 attaqué à la surface.

Pour exécuter un pareil percement, on commence par placer dans le puits n° 1 deux fils a plomb a et b aussi loin l'un de l'autre que possible et ayant pour direction l'axe des puits n° 1 et n° 2.

Ensuite, aux différents points d'attaque A F E, on creuse les galeries A B, F C, E D, qui ont toutes pour direction commune celle donnée par les deux fils à plomb a et b.

Lorsque les galeries sont arrivées à l'aplomb du puits supérieur n° 2, on porte horizontalement, dans chacune d'elles, à partir du plomb b, une longueur égale à la distance horizontale de ce même plomb b, à l'axe du point n° 2.

Les points C', C'', C''' seront évidemment sur la même verticale que l'axe du puits n° 2. Il suffira d'attacher des plombs aux différents points obtenus, pour avoir la position de l'axe à suivre à chaque point d'attaque.

Il est facile de concevoir que la rapidité du fonçage sera proportionnelle au nombre de points d'attaque, et, par suite, l'exploitation pourra être commencée beaucoup plus tôt.

TABLE DES MATIÈRES

SAINT-ÉTIENNE, IMPRIMERIE DE Vᵉ THÉOLIER ET Cⁱᵉ.

Dates	Nᵒˢ des Class.	Inclinaisons		Longueurs des Stations	Hauteurs des Choses	Largeurs			Directions		Angles aigus Formés dans les quarts de Cercle avec le Nord Vrai				Horizontales Calculées
		M	D		B	H	D	G	M	V	N.E $\frac{x-}{y+}$	S.E $\frac{x-}{y-}$	S.O $\frac{x+}{y-}$	N.O $\frac{x+}{y+}$	
	1	4°		26ᵐ10	0,00	0,00	1,80	1,80	25°	82°		88°			247,04
	2	¼		23,00	2,70	0,10	3,60	0,80	68°	85°	85°				23,00
	3		15°	25,00	1,60	0,40	0,20	2,70	71°	88°	88°				25,12
	4	½		18,00	1,80	0,40	0,20	3,50	28°¼	95°¼		83°¼			18,00
	5				1,80	0,20	2,90	0,02							
	1	4¼		15,10	0,0	4,0	1,80	1,80	250°	167°			87°		25,04
	6	¾		24,50	1,50	0,30	0,00	2,30	255°½	272°½				87°½	24,50
	7		¾	23,45	1,60	0,40	1,75	0,15	247°	264°				84°	23,45
	8	1¼		25,00	1,00	1,00	0,0	2,00	253°½	270°¼				83°½	25,00
	9	½		24,00	1,75	0,30	0,0	2,00	257°	274°				86°	24,00
	10		¾	24,50	1,80	0,30	1,00	1,30	251°¾	268°¾				88°½	24,50
	11	1½		22,00	1,60	0,40	0,0	2,10	257°	274°				85°	21,99
	12		¼	24,00	1,60	0,20	1,10	1,10	251°	268°				88°	24,00
	13				2,00	0,20	0,0	2,60							
	6		17°	14,00	1,50	0,50	0,0	2,10	163°	100°				20°	22,95
	14	½		23,00	1,60	0,80			77°	94°		86°			23,00
	15	¼		24,50	1,60	0,90	2,50	0,00	68°	89°	85°				24,50
	16	1½		19,00	1,00	0,20	0,60	2,50	77°	54°		86°			19,00
	17		1¼	21,00	2,50	0,00	1,80	0,00	73°	90°	90°				20,99
	18				1,50	0,40	0,00	1,80							
	14	½		22,00	1,20	0,60	0,00	2,00	258°	275°				83°	22,00
	19	1¼		23,00	1,10	0,00	2,00	0,00	248°	265°			85°		24,29
	20		¾	24,00	1,50	0,60	0,00	2,10	253°	270°			90°		24,00
	21				4,10	0,30	0,2	2,10							
	2	13¼		26,00	1,60	0,60	1,80	0,10	5°	22°	12°				24,62
	22	½		24,50	3,00	0,50	1,30	0,0	67°½	84°½	84°½				24,50
	23	¼		23,00	1,60	0,50	0,00	2,00	76°½	93°½		86°½			23,00
	24		¾	22,00	1,60	0,20	2,00	0,00	70°	87°	87°				22,00
	25				2,00	0,10	0,00	2,30							
	23	¾		24,50	2,00	0,10	0,00	1,30	253°½	270°½			89°½		24,50
	24	1¼		24,00	1,60	0,60	0,00	1,90	255°	283°			89°		23,59
	27	1½		33,00	1,90	0,30	0,0	3,00	255°½	271°½			87°½		23,59
	28	½		24,50	2,00	0,10	2,10	0,00	250°	262°		87°			24,50
	29	¼		26,00	1,70	0,10	1,20	0,00	252°	274°		86°			26,00
	30	¾		23,50	2,00	0,10	1,30	0,60	253°	270°			90°		23,90
	31				2,00	0,10	0,0	1,30							
	12	13°		15,50	2,00	0,10			178°½	193°½			13°½		14,25
	33	13°		14,00	5,00	0,10	0,0	2,10	348°	5°	5°				12,85
	55	¼		15,50	1,60	0,06	2,20	0,0	345°	3,65°		85°			24,00
	34	¾		14,00	2,00	0,06	0,06	1,00	189°	275°		84°			24,00
	35		¾	17,00	1,10	0,10	2,00	2,50	283°	273°		88°			17,00
	32	¼		13,00	1,00	0,15	2,10	0,00	71°½	88°½	88°½				23,00
	36	½		14,00	1,60	0,60	0,10	1,90	74°	91°		88°			24,00
	38	1¾		12,00	1,30	0,70	1,10	1,10	71°	95°	88°				24,88
	39		¾	21,00	2,00	0,00	0,00	3,00	76°	93°		87°			22,00
	23	2¾		22,05	1,60	0,20	2,00	0,10	183°	180°					20,30
					1,80	0,20	2,00	3,20							
	39	¾		18,00	1,60	0,20	2,00	0,00	68°	55°	85°				16,00
	40	¾		17,00	1,60	0,60	0,00	2,00	73°½	82°½	85°½				17,00
	41				2,00	0,10	2,00	0,0							
	33	¼		11	5,00	0,00			340°	357°				3°	12,00
	42				1,60	0,40	1,50	1,60							
	27	¾		1700	1,10	0,60	0,00	2,10	282°	274°			86°		27,00
	43				1,60	0,40	2,50	0,00	282°	274°					

Nᵒˢ des Class.	Coordonnées des Extrémités des distances (par rapport à trois Plans qui se Croisent à l'origine des mêmes distances)						Sommes Algébriques des Coordonnées des extrémités des distances (par rapport aux trois Plans Pi... qui se Croisent au point de départ, ou origine de la Première Station)						OBSERVATIONS
	Longitudes X +	X −	Latitudes Y +	Y −	Altitudes Z +	Z −	Longitudes X +	X −	Latitudes Y +	Y −	Altitudes Z +	Z −	
1		24,03		0,84	1,68		0,00	0,00	0,00	0,00	348,740		Le Clou Nᵒ 1 est au Centre du puits Nᵒ 2 et au niv...
2		22,91	2,00		0,10			24,03		0,84	350,08		de la galerie d'accrochage située à la profondeur de ?...
3		25,10	0,87			6,73		48,94	1,16		350,28		de l'orifice du puits.
4		17,86		2,04	0,18			72,04	2,03		342,88		
5								63,92		0,51	343,71		
1	25,01		1,31		1,81		0,66			0,00	348,40		
6	24,48		1,07		0,10		15,01			1,31	350,51		
7	23,32		2,45			0,30	48,49			0,54	350,31		
8	25,00		0,22		0,55		72,81			2,49	350,01		
9	23,94		1,57		0,11		97,81			2,47	350,56		
10	24,30		0,93		0,32		121,75			0,80	350,22		
11	21,94		1,53		0,58		146,25			1,33	350,48		
12	23,99		0,84		0,21		168,19		0,20		351,03		
13							192,18			0,64	350,82		
6	22,84		21,36		7,02		25,01			1,31	350,31		
14		22,94	1,80	0,30			33,85		11,67		343,18		
15		24,41	2,13		0,12		9,91			24,47	343,39		
16		18,99	1,33	0,41				14,80		23,34	346,49		
17		20,99	0,00	0,00		0,55		33,45		23,87	342,90		
18								84,44		29,87	343,38		
14	21,92		1,92		0,19		32,99			22,87	343,19		Point de raccordement. Légères différences dans les coord...
19		24,29	2,30		0,16		54,33			20,98	342,18		
20	24,00		0,00	0,0	2,0		0,31			23,13	344,48		
21		4,10					105,07			23,13	342,72		
2		9,25	21,82		0,56		45,48			0,84	350,37		
22		24,39	2,35		0,10		40,27			11,98	350,67		
23		23,86	1,30	0,20			15,06			24,95	338,77		
24		23,27	1,15			0,29		7,08		23,02	350,67		
25								10,05		24,78	349,66		
23	24,50		0,31		0,10		48,57			22,88	350,67		
24	23,89		23,98		0,62		46,77			22,70	350,67		
27	23,37		1,00			0,70	69,75			21,95	350,40		
28	24,67		1,15		0,11		111,75			22,98	350,70		
29	26,00		1,81		0,11		134,19			21,86	350,51		
30	23,90		0,0	0,0	0,2		103,13			23,47	350,08		
31							105,03			23,42	352,06		
12	8,75		23,58			7,68	108,13			23,47	350,02		
33							102,99			0,68	351,14		Point de raccordement. Légères différences dans les coord...
55		1,96	11,60		7,81		111,72			22,55	350,70		
34		24,91	2,35		0,82		102,74			43,85	356,81		
35		23,97	2,61		0,10		134,66			45,37	356,73		
32		16,99	0,59		0,92		139,31			43,88	356,82		
36	23,00		24,00		0,50	0,50	178,51			45,47	356,51		
38	26,00		24,66		0,63		102,74			45,03	356,21		
39	24,88		14,58	0,87	0,76		86,74			44,03	351,82		
23	22,00		21,97		0,19		82,74			45,55	357,88		
39	30,30	0,0	0,0		10,30	8,61	37,72			45,35	357,53		
40							13,79			25,08	358,78		Point de raccordement. Légères différences dans les coord...
41	26,00		18,55	1,33		0,11	13,79			44,35	357,35		
33	17,00		17,09	0,19		0,02		3,16		45,08	357,85		
42								16,18		44,93	357,53		
27	12,00	1,15			21,87		0,30	134,65		43,37	356,73		
43								153,86		45,34	366,83		
	27,00	16,94		1,88		1,35	103,87		23,13		345,72		
								136,91		21,26	344,02		

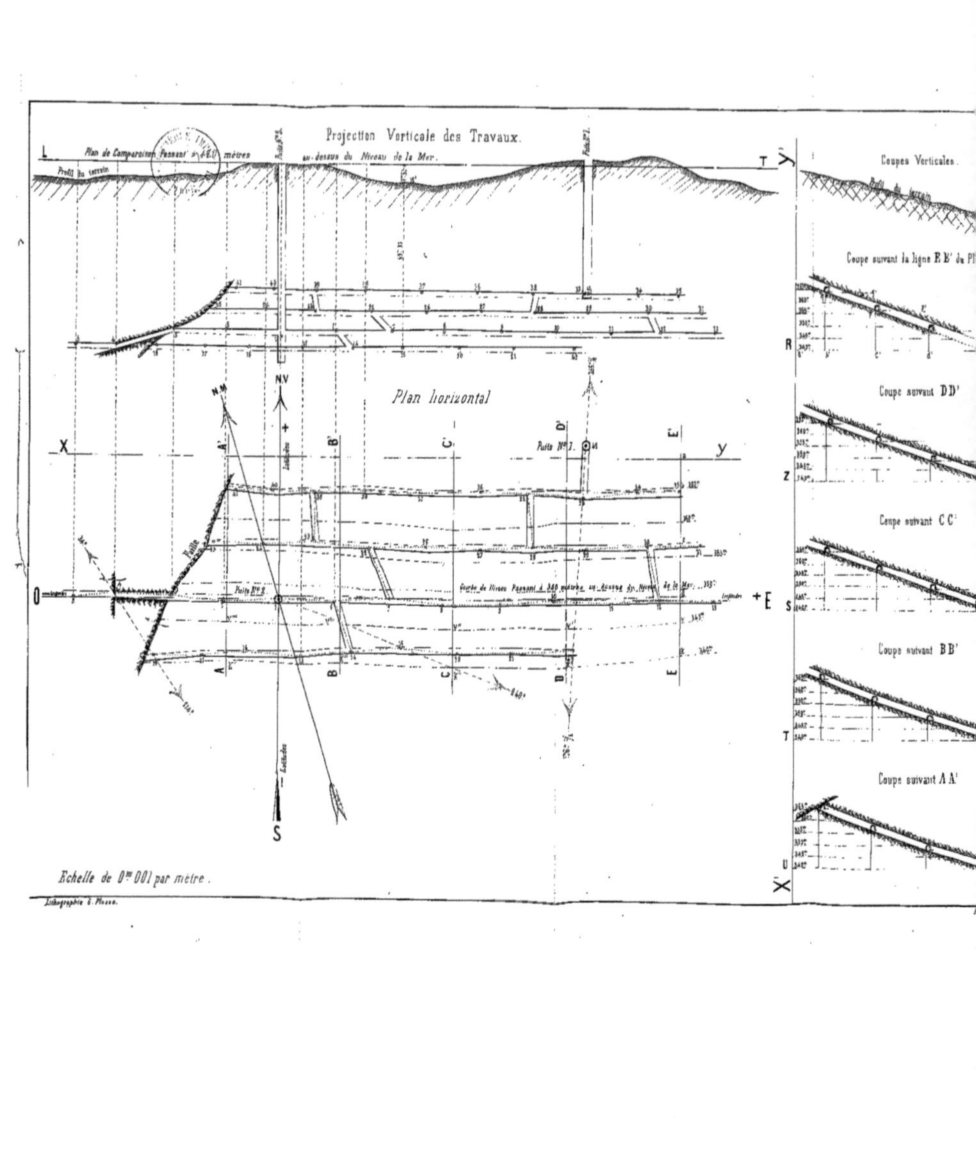

Projection Verticale des Travaux.
au-dessus du Niveau de la Mer.
Plan de Comparaison Passant à 460 mètres
Profil du terrain
Plan horizontal
Puits N° 2
Puits N° 1
Faille
N.M.
N.V.
Courbe de Niveau Passant à 360 mètres, au-dessus du Niveau de la Mer.
Echelle de 0m 001 par mètre.
Lithographie E. Plessy.
S
Coupes Verticales.
Profil du terrain
Coupe suivant la ligne E E' du Pl
Coupe suivant D D'
Coupe suivant C C'
Coupe suivant B B'
Coupe suivant A A'
L
T
Y
R
Z
S
T
U
X
X
O
Y

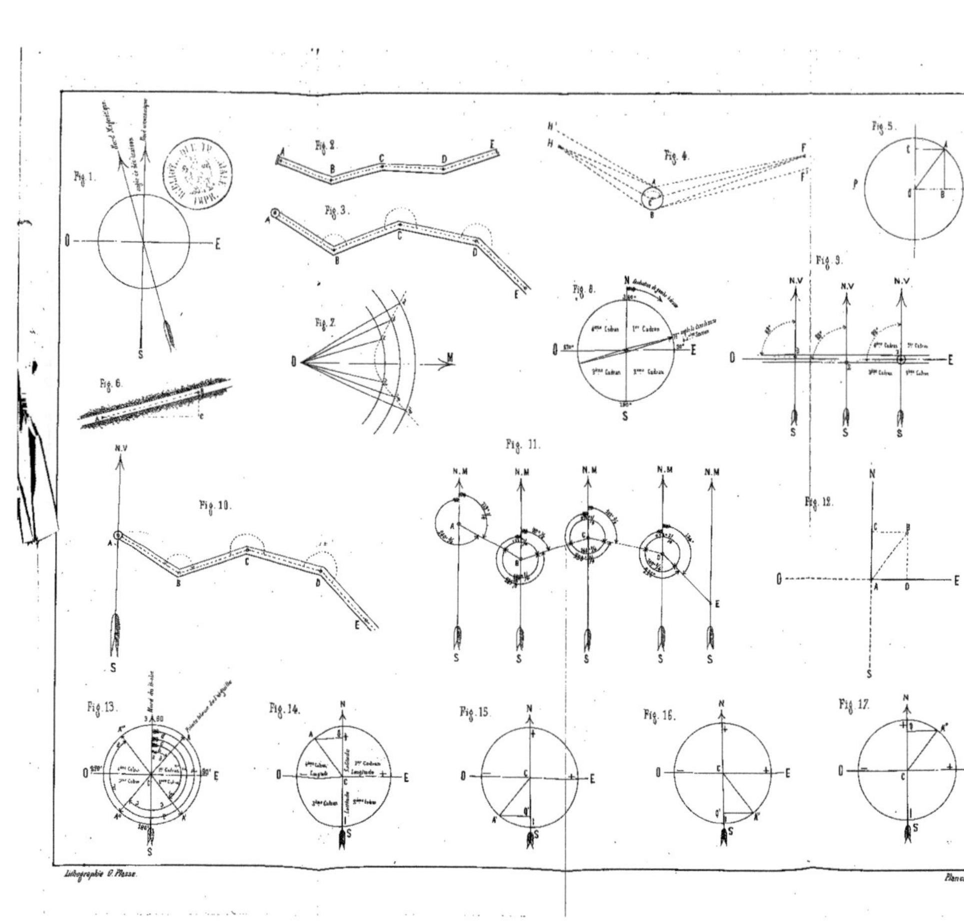

Fig. 1.
Fig. 2.
Fig. 3.
Fig. 4.
Fig. 5.
Fig. 6.
Fig. 7.
Fig. 8.
Fig. 9.
Fig. 10.
Fig. 11.
Fig. 12.
Fig. 13.
Fig. 14.
Fig. 15.
Fig. 16.
Fig. 17.

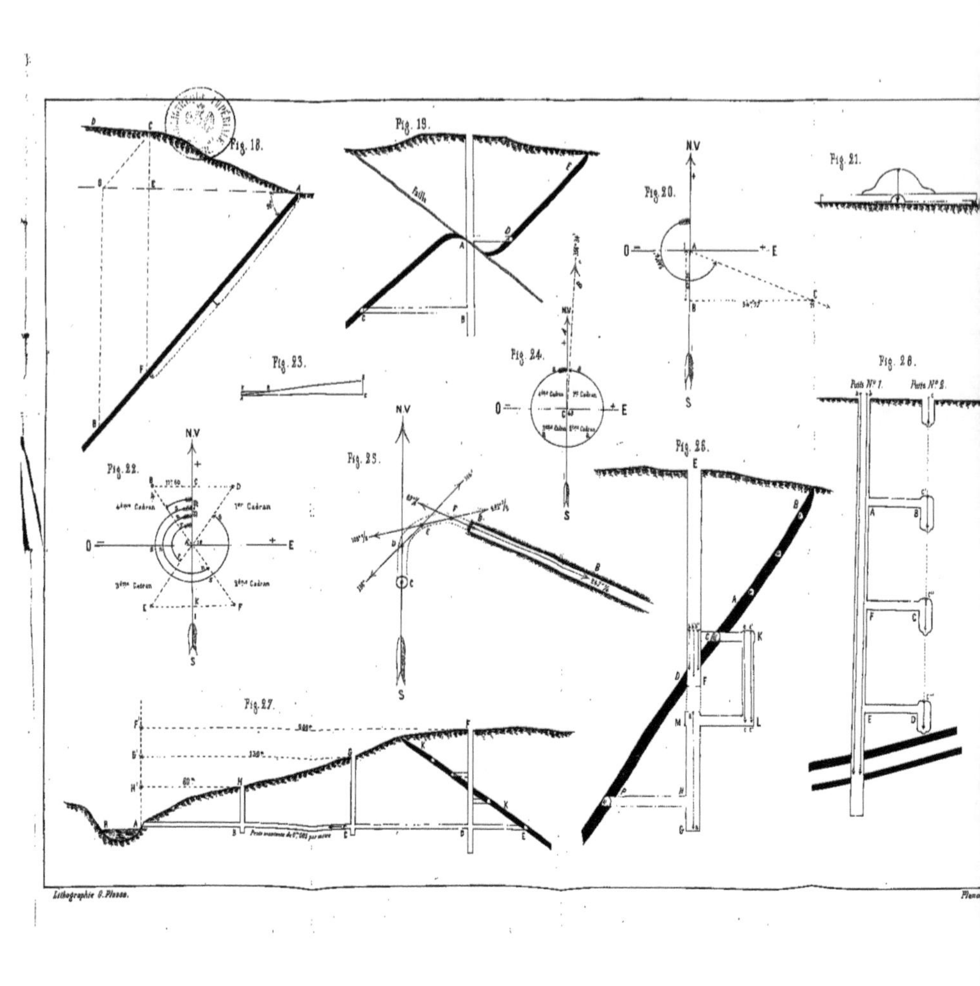

Fig. 18.
Fig. 19.
Fig. 20.
Fig. 21.
Fig. 22.
Fig. 23.
Fig. 24.
Fig. 25.
Fig. 26.
Fig. 27.
Fig. 28.

SAINT-ÉTIENNE, IMPRIMERIE DE Vᵉ THÉOLIER ET Cᵉ.